バカが多いのには理由がある

橘　玲

集英社文庫

はじめに

ずいぶん昔の話ですが、仕事の企画で民放テレビのディレクターに会いにいったことがあります。彼は30代後半で、視聴率の高いワイドショーを担当し、業界ではやり手として知られていました。

「僕の話なんか聞いたって仕方ないですよ」

開口一番、彼はそういいました。

「昼間っからテレビを見ている視聴者って、どういうひとかわかりますか？　まともな人間は仕事をしているからテレビの前なんかにいません。暇な主婦とか、やることのない老人とか、失業者とか、要するにまっとうじゃないひとたちが僕らのお客さんなんです。彼らをひとことでいうと、バカです。僕らはバカを喜ばせるためにくだらない番組を毎日つくっているんですよ。あなたの役に立つ話ができるわけないでしょ」

彼はテレビ局のエリート社員ですから、この偽悪ぶった言い方がどこまで本音かはわかりません。私が驚いたのは、その言葉の背後にある底知れぬニヒリズムです。

彼によれば世の中の人間の大半はバカで、１０００万人単位の視聴者を相手にするテレビ（マスコミ）の役割はバカに娯楽を提供することです。その一方で、テレビは影響力が大きすぎるので失敗が許されません。そこでテレビ局はジャーナリズムを放棄し、新聞や週刊誌のゴシップ記事をネタ元にして、お笑い芸人やアイドルなどを使って面白おかしく仕立てることに専念します。これだと後で批判されても自分たちに直接の責任はないわけですから、番組内でアナウンサーに謝らせれば済むのです。「それに、スポンサーはバカからお金を巻き上げないとビジネスになりませんしね」

「バカだって暇つぶしをする権利はあるでしょ」彼はいいました。

いまではこうしたニヒリズムがメディア全体を覆ってしまったようです。嫌韓・反中の記事ばかりが溢《あふ》れるのは、それが正しいと思っているのではなく、売れるからです。ライバルが過激な見出しをつければ、それに対抗してより過激な記事をつくらなければなりません。

近代の啓蒙《けいもう》主義者は、「バカは教育によって治るはずだ」と考えました。しかし問題は、どれほど教育してもバカは減らない、ということにあります。だとしたらそこには、なにか根源的な理由があるはずです。

目次

Part1 POLITICS 政治

1 ニッポンの右傾化

2 嫌韓と反中

3 「日本を取り戻す」政策

4 ニッポンはどこにいくのか?

Part2 ECONOMY 経済

5 ブラックな国

6 イエという呪縛

Part3 SOCIETY 社会

9 ニッポンの暗部

10 腐った楽園

バカが多いのには理由がある

PROLOGUE

私たちはみんなバカである

ファスト&スロー

最初に「バカ」の定義をしておきましょう。

本書でいう「バカ」は、ファスト思考しかできないひとのことです。それに対して賢いひとは、訓練によってスローな思考が身についています。

でもこれでは、いったいなんのことかわからないでしょう。

ダニエル・カーネマンは経済学に心理学を導入した行動経済学の創始者で、2002年にノーベル経済学賞を受賞しました。そのカーネマンは、私たちは「速い思考」と「遅い思考」を使い分けているといいます(『ファスト&スロー』早川書房)。

机の上に、さまざまな表情をしたひとの写真が置かれています。私たちはそれを見た瞬間、「怒っている」「笑っている」「悲しんでいる」とその感情をいい表わすことができます。

文化人類学者は、顔写真から感情を推測するこの実験を、南太平洋やアマゾンの奥地など文明社会と接触のなかったひとたちにも行ないました。すると彼らは、これまで見たことのない白人や黒人の感情を写真だけで私たちと同じように正確にいい当てたのです。

私たちは相手の感情を「直感」で判断しています。直感の特徴は、脳に情報（表情）がインプットされた瞬間に回答（相手の感情）がアウトプットされることです。

顔写真の実験は、直感が文化（体験）によってつくられるのではなく生得的なものであることを明らかにしました。それはヒトの脳（コンピュータ）にあらかじめ組み込まれたＯＳ（オペレーティングシステム）なのです。

不快なものを抹殺しようとする

次の計算を暗算でやってみてください。

17×24＝？

正解は４０８ですが、珠算の経験のあるひとでなければかなり苦労するでしょう。暗算をしているときの生理的な変化を調べると、筋肉が硬直し、血圧や心拍数が上がることがわかっています。これは心理的にも生理的にも負荷が高い不快な状態です。

すぐに答の出る「速い思考」はわかりやすくて快適です（負荷が低い）。しかし私たちは、おうおうにして直感では解くことのできない問題に遭遇します。二桁の掛け算を暗算するにはファスト思考は役に立たず、スロー思考の回路が必要とされるのです。負荷の高い「遅い思考」を、ひとは無意識のうちに避けようとします。その方法は原理的に2つしかありません。

①「遅い思考」が必要な問題を無視する
②あらゆる問題を「速い思考＝直感」で解こうとする

二桁の掛け算を前にして「電卓があるんだからどうでもいい」と考えるのが①です。掛け算ならそれでも構わないでしょうが、さらに理解が難しい話になると、「そんなことは私の人生になんの関係もない」と問題の存在そのものを否認してしまいます。

ある高名な女流作家が「二次方程式を解かなくても生きてこられた」「二次方程式などは社会へ出て何の役にも立たないので、このようなものは追放すべきだ」と述べ、教育課程審議会（現・中央教育審議会）の会長だった彼女の夫が削除を主張した結果、中学課程では「二次方程式の解の公式」は必修でなくなりました（現在はゆとり教育批判で復活）。「速い思考」しかできないひとは、「遅い思考」を（自分にとって）不快なものとしてこの世から抹殺しようとするのです。

すべてを因果論で解釈する

問題そのものを無視するよりもさらにやっかいなのは、複雑な問題を直感で解こうとすること（②）です。「10の桁と20の桁を掛けるんだから、200より大きくなることは間違いない。だったら300くらいだろう」というのが直感的な解法で、正解にたどり着く可能性はほとんどありません。

直感的思考法とは原因と結果が一対になった因果論のことで、それが好まれるのはわかりやすいからです。そしてこれは、おうおうにしてさまざまな悲劇の原因になります。

月の満ち欠けが満潮や干潮に影響することは古くから知られていましたが、古代人は同様に、すべての自然現象に因果関係（原因と結果）があると信じていました。しかし現実には、日照りや洪水、冷夏の到来などはどれほど自然を観察しても「原因」を見つけることができません（現代科学でも長期の気象予測は困難です）。

そこでひとびとは天変地異を神の意思と見なし、神（天）と交信できる人間を王＝祭主として豊作を祈ることにしました。この因果論によれば日照りが続くのは王が神の不興を買ったためで、その原因を取り除くには王の首をはねてしまえばいいのです（実際には生贄《いけにえ》を捧《ささ》げることで王を象徴的に殺しました）。

しかし私たちは、古代社会の風習を笑うことはできません。現代でも、景気が悪くなると有権者が怒って大統領や首相（という祭主）を交代させているからです。

アフリカの伝統的社会では、いまでも病気は呪いのせいだとされています。この悪《あ》しき習慣は近代医学が導入されても変わりません――というか、ますます呪術信仰は広まっています。

伝統的社会に暮らすひとたちも、いまでは病院を訪れて薬を処方してもらいます。抗生物質の効果には素晴らしいものがあり、それこそ魔法のようにケガや病気を治してしまうからです。

しかし残念なことに、近代医学ですべての病を治療できるわけではありません。薬が効くかどうか、やってみなければわからないことも多々あります。

そうなると、近代医学という「魔法」でも治せない病気をどう理解するか、という新たな問題が出てきます。彼らにとってその答はひとつしかありません。薬も効かないようなより強力な呪いにかけられているのです。

オカルティズムに慣れ親しんだひとびとは、このようにしてエイズのような治療困難な病気を呪術によって治そうとします。アフリカでは処女と性交すればエイズの呪いが解けると広く信じられており、いまも多数の少女が犠牲になっているのです。

旧石器時代の脳に相対性理論が理解できるか

現代の進化論は、ヒトの思考や感情は200万年以上続いた旧石器時代につくられ、それ以来ほとんど変わっていないと考えます。

速い思考は、旧石器時代の厳しい環境に最適化されたシステムです。茂みで物音がしたとき、それがなにかをじっくり考えていては、飛び出してきたライオンに食べられてしまいます。直感を信じて逃げ出した者だけが子孫を残すことができたのです。

直感は、地球上に生命が誕生してから38億年の進化の歴史のなかで少しずつつくられてきた思考（反応）システムです。物音や気配に驚いて逃げるのはイヌやネコ、爬虫《はちゅう》類《るい》や昆虫も同じです。あらゆる生き物が速い思考=直感に従っているのです。

ところが文明が発達し社会が複雑化してくると、速い思考だけでは対応できないことが増えてきます。とりわけ近代の成立以降、科学が急速に進歩したことで、因果論的な常識を覆すような発見が次々と生まれました。

相対性理論は、光の速さに近づくと時間や空間が歪むことを予測しました。しかしこれを直感で理解することは不可能なので、「アインシュタインは間違っている」として独自の理論を唱える〝科学者〟が雨後の筍《たけのこ》のように現われました。

地動説ですら、人工衛星が打ち上げられて宇宙から地球の映像が見られるようになるまでは、「地球はホットケーキ型になっていて、その縁には雪と氷の巨大な壁がそそり立ち、地下界には霊が住んでいる」とか、「地球の内部は空洞になっていて、その中心に太陽があって、人類は実はその空洞に住んでいる」とか、大真面目に主張するひと（およびそれを大真面目に信じるひと）が後を絶ちませんでした。直感は「遅い思考」が苦手なひとたちに、「自分が正しいと感じたことだけが正しい」と告げるのです。

それでもバカと利口にちがいはある

私はここで、「速い思考」をするひとがバカだといいたいわけではありません。私たちは日々の出来事のほとんどを直感によって処理しています。生きるということは無数の判断の積み重ねですから、それをいちいち「遅い思考」で考えていては時間がいくらあっても足りません。

そのうえ困ったことに、脳は直感的な判断を後付けで合理化する癖を持っています。

デートの場所としてお化け屋敷やジェットコースター、ホラー映画が好まれるのには理由があります。ひとは恐怖を感じると生理的に心拍数が上がります。この〝どきどきした感じ〟は異性を好きになったときの生理的反応と似ているので、カノジョ（カレシ)の脳は「このひとのことが好きなんだ」と勘違いする(かもしれない)のです――冗談のようですが、この効果は心理学の実験によって確かめられています。
地球の誕生を1月1日とすると、生命が誕生したのが4月8日、それから11月1日までは単細胞生物しかおらず、最初の魚類が出現したのは11月26日の午後。恐竜の時代は12月9日から26日あたりまでで、最初のサルが出現したのが12月25日、人類の祖先が現われたのが12月31日の午後8時10分です。エジプトやメソポタミアに最初の文明が誕生してからは、わずか30秒しか経《た》っていません。

「遅い思考」というのは、この最後の30秒ではじめて必要になりました。だからヒトはいまも、生活の99%(もしかしたら99・9%)を「速い思考」だけで済ませています。その意味では、私もあなたも、ヒトはみんなバカ(直感思考型)なのです。

しかし世の中には、負荷の高い「遅い思考」を徹底して忌避するひとと、1%(あるいは0・1%)の「遅い思考」ができるひとがいます。

私たちはみんなバカだけれど、それでも「バカ」と「利口」のちがいはあるのです。

正義と進化論

次に「正義とは何か?」を考えてみましょう。現代の進化論は、この問に対しても簡単明瞭な答を与えてくれます。

正義とは、進化の過程のなかで直感的に「正しい」と感じるようになったものである

「日本のベートーヴェン」と呼ばれ、カリスマとしてもてはやされていた人物が聾唖《ろうあ》者を詐称し、ゴーストライターに作曲させていたことがわかったとき、私たちはごく自然に「ここにはなにか正義に反するものがある」と感じ、怒りを覚えました。相手を批判したり糾弾したりできるのは、この「正義感情」が集団内で共有されており、それが正当性を与えるからです。

正義感情がどのようなものかは、チンパンジーを使った実験で調べることができます。ここでなぜチンパンジーが出てくるかというと、正義が進化論的なものならば、つい最近まで同じ進化の過程にいたヒトとサルはかなりの程度、正義感情を共有しているはずだからです。

チンパンジーにも「正義」がある

チンパンジーの社会は、アルファオス（かつては〝ボスザル〟と呼ばれましたが、最近は〝第一順位のオス〟の意味でこの言葉が使われます）を頂点とした厳しい階級社会で、下っ端（下位のサル）はいつも周囲に気をつかい、グルーミング（毛づくろい）などをして上位のサルの歓心を得ようと必死です。

そんなチンパンジーの群れで、順位の低いサルを選んでエサを投げ与えてみます。そこにアルファオスが通りかかったらいったいなにが起きるのでしょうか。

アルファオスは地位が高く身体も大きいので、下っ端のエサを横取りしてしまいそうに思えます。しかし意外なことに、アルファオスは下位のサルに向かって掌《てのひら》を上に差し出します。これは「物乞いのポーズ」で、〝ボス〟は自分よりはるかに格下のサルにエサの分け前をねだるのです。

このことは、チンパンジーの世界にも先取権があることを示しています。序列にかかわらずエサは先に見つけたサルの〝所有物〟で、ボスであってもその〝権利〟を侵害することは許されないのです。

２つ目の実験では、真ん中をガラス窓で仕切った部屋に2頭のチンパンジーを入れ、それぞれにエサを与えます。

このとき両者にキュウリを与えると、どちらも喜んで食べます。ところがそのうちの一頭のエサをリンゴに変えると、これまでおいしそうにキュウリを食べていたもう一頭は、いきなり手にしていたキュウリを投げつけて怒り出します。

自分のエサを取り上げられたわけではないのですから、本来ならここで怒り出すのはヘンです（イヌやネコなら気にもしないでしょう）。ところがチンパンジーは、ガラスの向こうの相手が自分よりも優遇されていることが許せないのです。

これはチンパンジーの社会に平等の原理があることを示しています。自分と相手はたまたまそこに居合わせただけですから、原理的に対等です。自分だけが一方的に不当に扱われるのは平等の原則に反するので、チンパンジーはこの〝差別〟に抗議してキュウリを壁に投げつけて怒るのです（このことから、なぜひとが生命を賭《と》して人種差別に抵抗するかがわかります）。

３つ目の実験では、異なる群れから選んだ2頭のチンパンジーを四角いテーブルの両端に座らせ、どちらも手が届く真ん中にリンゴを置きます。初対面の2頭はリンゴを奪い合い、先に手にした方が食べますが、同じことを何度も繰り返すうちにどちらか一方がリンゴに手を出さなくなります。

このことは、身体の大きさなどさまざまな要因でチンパンジーの間にごく自然に序列（階層）が生まれることを示しています。いちど序列が決まると、〝臣下〟は〝主君〟に従わなければなりません。チンパンジーの世界でも組織（共同体）の掟《おきて》は絶対なのです。

＊これ以外の重要なルールに「互酬性」があります。群れのなかでしか生きられないチンパンジーは、食べ物からグルーミング、セックスまで、さまざまなモノやサービスを交換して仲間とよい関係を維持しようとしています。なにかを与えたらお返しを受けられるという原則は徹底していて、気前のいいサルは輪のなかにさりげなく入るだけでエサをもらえますが、吝嗇家《りんしょくか》はどれほどどしつこくねだっても相手にされません。

チンパンジーの世界にも社会（群れ）を維持するうえでの原理原則があります。それが「所有権」「平等」「組織の序列」です。そしてこれは、フランス革命の3つの理想「自由」「平等」「友愛」に対応します。

自由というのは「なにものにも束縛されないこと」ですが、ジョン・ロックに始まる政治思想では私的所有権こそが自由の基盤だとされます。領主が農地を勝手に取り上げてしまうようでは、ひとびとは奴隷として生きていくほかありません。自由と私的所有権が一対のものだからこそ、私的所有権を否定したマルクス主義は「自由の敵」とされたのです。

平等というのは、すべてのひとが、ひとであるというだけで人権を持っているという思想です。人権は究極の権利なので、人種や性別、国籍や宗教のちがいによって差をつけることはできません。初対面のチンパンジーが自分と相手を対等だと見なすのと同様に、ヒトも無意識のうちに、自分は相手と同じ権利を持っていると考えるのです。

友愛というのは、理想のためにちからを合わせてたたかう仲間（共同体）のことです。もっともチンパンジーは（たぶん）理想に興味を持たないでしょうから、ここでは階層（ピラミッド型）組織や男性優位など、共同体を成り立たせるための伝統的なルールと考えればいいでしょう。

チンパンジーの世界にも、「自由」「平等」「共同体」という正義がありました。そして相手がこの〝原理〟を蹂躙《じゅうりん》すると、彼らは怒りに我を忘れて殴りかかったり、群れの仲間に不正を訴えて正義を回復しようとするのです。

進化から生まれた3つの政治思想

近代社会は民主政（デモクラシー）を前提に成り立っています。日本ではデモクラシー Democracy を「民主主義」と誤訳する悪弊が一向に改まりませんが、これは「ism（主義）」ではなく、神政（テオクラシー Theocracy）や貴族政（アリストクラシー

Aristocracy）と同じ政治制度を表わす言葉です。北朝鮮やイランを見ればわかるように、独裁政や神政の国家には自由も平等もありませんから、政治的な理想を実現するには民主政治が不可欠です。

民主政国家においても、どのような社会をつくるのかでひとびとの意見は分かれます。ヒトにもチンパンジーと同じ「自由」「平等」「共同体」の正義感情があるとすると、そこから3つの政治的立場が生まれます。

①自由を求める「自由主義」
②平等を重視する「平等主義」
③共同体を尊重する「共同体主義」

革命直後のフランスでは、国民会議の右翼を保守派（王党派）が、左翼を共和派が占め、共和派には自由を求めるリベラルと、平等を重視するデモクラットがいました。自由主義＝リベラル、平等主義＝デモクラット、共同体主義＝コンサバティヴ（保守）と、おのおのが守るべき価値によって党派が分かれていたのです。

ところがその後、経済格差を悪として平等を求める立場が「リベラル」と呼ばれるようになりました。それに対して、「徴税や再分配で競争の結果を平等にするのは自由の圧殺だ」との批判が起こります。結果の平等（大きな政府）を志向する党派と、機会の平等（小さな政府）だけがあればいいとする党派で、「リベラル（自由主義）」が2つに分かれてしまったのです。

「リベラル」の名を平等主義者に先に使われてしまった自由主義者は、自らを「古典的自由主義」と称しますが定着せず、現在は同じ「自由 Liberty」を語源とするリバタリアン Libertarian（自由原理主義者）が使われています。ちなみに「古典的」とは「アダム・スミスやジョン・ロックの時代の正当な（自由主義）」という意味ですから、「本家」や「元祖」と同じです。

また最近は、共同体を重視する立場をコミュニタリアン（共同体主義者）と呼ぶようになりました。これは歴史や伝統に価値を置きつつも左派（リベラル）に近い立場が台頭してきたからで、白熱教室のマイケル・サンデルなどがその代表ですが、彼らを「保守（右派）」と呼ぶのは矛盾なのでより中立的な言葉が使われるようになったのです（従来の保守派は「コミュニタリアン右派」になります）。

啓蒙主義が生んだ政治思想

政治思想には「自由主義」「平等主義」「共同体主義」のほかに、もうひとつきわめて影響力の大きな立場があります。それが「功利主義」です。

功利主義は18世紀末の啓蒙主義の時代にイギリスの哲学者ジェレミ・ベンサムが唱えた思想で、「行為や制度の望ましさは、それがもたらす社会的な帰結（効用）によって決定できる」とします。その際立った特徴は、他の3つの主義とは異なって、進化論的な基礎づけを持たないことです。功利的にものごとを判断するチンパンジーは（おそらく）いません。

ひとびとの効用（幸福度）を完璧に数値化できるなら、功利主義は正義や道徳についてのいっさいの議論を不要にします。

働かずに税金で生活するのは不道徳ですが、だからといって飢えて死んでいくのを見捨てるわけにもいきません。こうして生活保護のあり方をめぐる喧々囂々《けんけんごうごう》の議論（というか罵《のの》り合《し》い）が起きるわけですが、功利主義者にとってこんなことは時間のムダです。最適な生活保護制度は、次の3つの条件から自動的に導き出せるからです。

①生活保護を支給するための納税者のコスト
②生活保護受給者の効用
③生活保護制度による社会全体の厚生（セイフティネットがあればみんなが安心できる）

この3つの変数を方程式に代入して最適値を求めれば、理想的な生活保護制度がひとつに決まります（そのような都合のいい方程式があれば、の話ですが）。このとき、「正義」は功利的に設計された制度と同義になります。道徳的な社会とは、効用を最大化するようシステム化された社会のことなのです。

このことからわかるように、功利主義は経済学ときわめて相性がいい政治思想です――というか、近代経済学というのは功利主義的な理想社会をつくるための（社会）科学です。この政治思想は、一般に「新自由主義（ネオリベ）」と呼ばれます。

ここまでの説明で、功利主義に対して不快な気分になったひともいるでしょう。これは当然で、ベンサムの頃から「冷酷だ」「非人間的だ」「エリートの横暴だ」との批判が絶えませんでした。それは功利主義が、「自由」や「平等」「共同体」のような進化論的な正義感情とは別のところから生まれてきたからです。

すべての理想を同時に実現することはできない

政治思想を考えるうえでの出発点は「すべての理想を同時に実現することはできない」ということです。「こちらを立てればあちらが立たない」関係を、経済学ではトレードオフといいます。

誰もが、自由で平等で共同体の絆《きずな》のある社会で暮らしたいと願うでしょう。でもこれは机上の空論で、原理的に実現不可能です。

自由な市場で競争すれば、富は一部の会社や個人に集中します。これは競争が不公正なのではなく、市場がもともとそういうものだからです。

最近の経済学では、市場は複雑系の緊密なネットワーク（小さな世界）だと考えます。なんだか難しそうですが、インターネットを思い浮かべてみましょう。

ネット空間には無数のホームページがありますが、多くのユーザーがアクセスするのはYahoo!やGoogle、Facebookなどごく一部です。これらのサイトはネットワークのハブ（結節点）として機能し、一般のサイトとは比較にならない膨大なアクセスを集めています。ネット世界は少数のアクセス拠点を中心に秩序づけられていますが、これは誰か（国家権力）がそう決めたのではなく、参加者の自由な活動によって自生的に生まれたものです。

ネット空間を市場、アクセス数をマネーと考えると、市場のハブとなる一部の企業や個人（アップルやビル・ゲイツ）にマネーが集中してもなんの不思議もないことがわかります。

「そうはいっても経済格差が広がっているじゃないか」というひともいるでしょう。しかしこれも、複雑系理論からシンプルに説明できます（社会の高齢化によって経済格差は自然に拡大しますが、ここでは無視します）。

インターネットに接続するユーザーの総数が増えたとしても、すべてのサイトに均等にアクセスが分配されるわけではありません。新しいユーザーも、やはりネット世界のハブにまずアクセスし、そこから自分の好みに合ったサイトを探すからです。このようにユーザー数が増えれば増えるほどアクセスは一部に集中し、ネット世界の〝格差〟は広がっていきます。

グローバル市場がインターネットと同じように複雑系のスモールワールドだとすると、技術革新や新興国の経済成長、国家による借金（国債の増発）で市場全体に流通するマネーの総量が増えれば、それにともなって経済格差は広がっていくはずです。インターネットのアクセス集中が不道徳でないとするならば、グローバル市場のマネーの集中も不道徳とはいえません。

もちろん現実の市場ではさまざまな不正が行なわれているでしょうが、なんらかの方法でそれらをすべて摘発して完全に公正な市場をつくったとしても、市場の拡大にともなってやはり経済格差は拡大していきます。そして皮肉なことに、不正が行なわれる（競争が阻害される）ことで経済格差の拡大が抑えられている可能性すらあるのです。

このように、「自由」を追求すると必然的に格差が広がっていきます。それを平等にしようとすれば、国家が徴税などの〝暴力〟によって市場に介入するしかありません。自由を犠牲にしない平等（平等を犠牲にしない自由）はあり得ないのです。

リバタリアンとリベラルは「自由 Liberty」から生まれた二卵性双生児のようなものですから、経済格差を容認するかどうかで激しく対立するとしても、リベラルデモクラシーの理想を共有しているのは間違いありません。それは、「自由と自己決定権を保障された市民が民主的な手続きによって国家を統治する」という政治思想です。そこでは完全な人権を持つ個人（市民）が社会の基本単位で、共同体（コミュニティ）はそうした市民が自由な意志で集まってつくるものです。

それに対して共同体主義者は、歴史や伝統・文化を無視した「平板な近代思想」に強く反発します。彼らにとっては共同体こそがひとびとの生きる基盤で、あらゆる「徳」はそこから生まれます。ヒトは社会的な動物で共同体（群れ）を離れては生きていけませんから、これはたしかにそのとおりでしょう。

しかしそうした政治的立場が正しいとすると、共同体は個人（市民）に優先することになってしまいます。リバタリアンであれリベラルであれ、市民の人権を制限する政治思想はぜったいに認めないでしょうから、共同体主義と近代的自由主義も原理的に両立できないのです。

正義をめぐる4つの立場

それでは次に、「自由主義（リバタリアン）」「平等主義（リベラル）」「共同体主義（コミュニタリアン）」「功利主義（ネオリベ）」の関係を考えてみましょう。39ページの図で下部の半円にある3つの「正義」は、いずれも進化論的に基礎づけられています。正義感情によって直感的に正当化できるこの3つの正義は等価で、リバタリアニズムを中央に置いたのは便宜的なものにすぎません。

功利主義を半円から別にしたのは進化論的な基礎がないからです。功利主義の考え方は私的所有権（自由市場）を重視するリバタリアニズムときわめて相性がいいので、その部分がもっとも厚くなっています。一方、極端な平等主義や共同体主義では功利主義（市場原理）は全否定されます。

共同体主義のなかでもっとも功利主義から遠い「保守の最右翼」は、日本古来（とされる）の伝統を重んじ、武士道など日本人の美徳を説きます。その一方で左翼の市民運動は、大企業や富裕層への課税によって社会福祉を拡充し、すべての社会的弱者を国家が救済すべきだと主張します。

極右と極左は不倶戴天《ふぐたいてん》の敵のような関係だと思われていますが、最近は市民運動の集

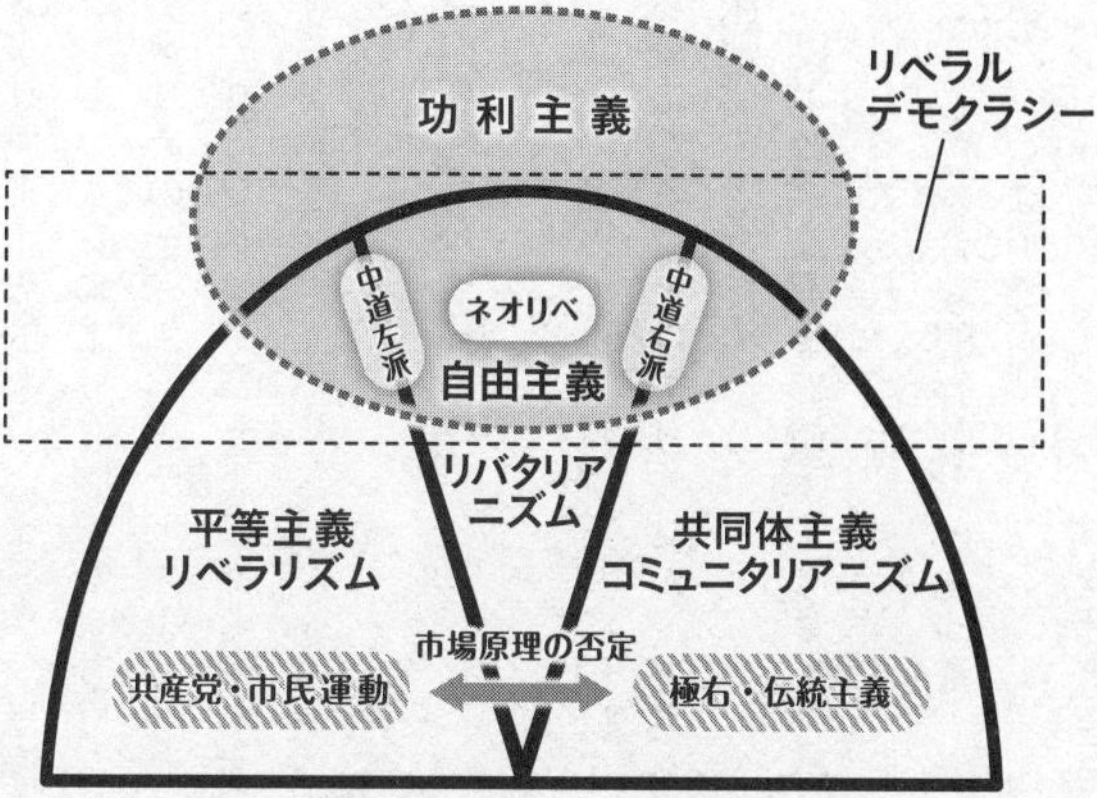

正義をめぐる4つの立場

会に新右翼の団体が参加することも珍しくなくなりました。しかしこれは不思議でもなんでもなく、図を見ればわかるように、市場原理を否定することで両者の思想は通底しているのです。

リバタリアニズムと功利主義は国家の過度な規制に反対し、自由で効率的な市場が公正でゆたかな社会をつくると考えます。両者の政治的立場はきわめて近いので、日本では包括して新自由主義（ネオリベ）と呼ばれますが、世界金融危機のような極限状況では主張が対立します。功利主義は金融市場を守るために国家による大手金融機関の救済を当然と考えますが、リバタリアンはモラルハザードを理由に救済を認めず、株主や債権者が資本主義のルールに則《のっと》った責任をとることを求めるのです。

より原理主義的なリバタリアンは国家が勝手に貨幣を発行することにも反対ですから、ビットコインのような国家から独立した通貨を強く支持します。リバタリアンというとアメリカのティーパーティのような頑迷固陋《がんめいころう》な保守派をイメージしますが、いまやその最先端はシリコンバレーにあるのです（テクノロジーによって理想社会を設計しようとする彼らを〝サイバー・リバタリアン〟と呼びます）。

福祉国家とネオリベ

政治の世界では「日本を神の国に戻せ」とか「共産主義革命を目指せ」という極論が主流になることはありません。どちらの主張にも（いまのところ）それに反対する多数派がいるからです。

民主政では選挙で相手より多くの票を獲得した候補者が当選します。自らの政治的信念はどうであれ、政治家はできるだけ多くの有権者から支持を集めなければなりません。こうした「合理的行動」によって、すべての政党は有権者の平均的な政治的立場に近づいていくはずです。

これが政治学でいう「中位投票者定理」で、社会階層を背景にかつては真っ向から対立していたイギリスの保守党と労働党の政策が、いまでは区別がつかないまでに酷似している現象をうまく説明できます。アメリカでは民主党と共和党が医療保険制度（オバマケア）をめぐって泥沼の抗争をしていますが、逆にいえば、それ以外の政策がよく似ているために個別のトピック（銃規制や中絶の是非）で互いのちがいを際立たせるしかないのです。

日本でも政治の主流はリバタリアン右派（コミュニタリアン左派）と、リバタリアン左派（リベラル右派）に位置しています。これは一般に「中道右派」「中道左派」と呼ばれます。

中道右派は、伝統を重視し、自由な経済活動を尊重する立場で、安倍政権はその典型です。中道左派は、個人の自由を最大限に認めつつも社会保障の充実や経済格差の是正を求める立場で、短命に終わりましたが民主党の野田政権がこの位置を占めていました。

中道右派は「小さな政府」、中道左派は「大きな政府」を志向するといわれますが、実は両者のちがいはほとんどありません。このことは、民主党（野田政権）下で進められた消費税増税やTPP（環太平洋経済連携協定）への参加、原発再稼働などの政策を自民党（安倍政権）がそのまま踏襲していることからも明らかです。

第二次世界大戦でアウシュヴィッツとヒロシマ・ナガサキを経験したことで、世界じゅうの誰もが帝国主義の時代が終わったことを痛感しました。植民地を維持・拡大しようとして紛争を引き起こせば国家と民族の滅亡が待っているだけです。

この人類史的なパラダイムシフトによって、国家の目的は領土の拡大から「国民の幸福の最大化」へと変わりました。これが「福祉国家」で、スウェーデンのような北欧の国々だけでなく、いまでは世界のすべての（民主政の）国の正統性は〝国民を幸せにする〟ことにあります。

福祉国家では、政治家は「幸福」を配給しないと有権者の支持を得られません。もっとも効果的な「幸福」は、公共事業や社会福祉でお金を配ることです。とはいえ、そのために増税するのでは次の選挙で落選してしまいますから、どの国も国債を刷ってお金を集め、それを国民に分配するようになりました。

すでに1960年代から、経済学者のミルトン・フリードマンらによって、財政赤字が福祉国家の〝死に至る病〟であることが指摘されていました。こうした主張は当初「学者のたわごと」と無視されていましたが、日本が1000兆円を超える天文学的な借金を抱えたことからもわかるように、半世紀を経て誰もが現実から目を背けることができなくなりました。

オールドリベラルとは、財政支出を拡大して社会福祉を充実すればみんなが幸福になれる、と考えるひとたちです。それに対してネオリベラルは、福祉国家は持続不可能だとして、市場原理を活用した政府（行政）の効率化を求めます。

日本においては2012年12月の衆院選と13年7月の参院選で、労働組合などの支援を受けた民主党や生活の党などのオールドリベラルがほぼ壊滅し、自民党（安倍政権）に日本維新の会やみんなの党（+結いの党）を加え国会議員の大半がネオリベになりました。しかしこれは日本の右傾化ではなく、財政状況を考えればそれ以外に選択肢はなかったのです。

民主党は〝政権奪取〟の後、鳩山・菅両政権で迷走し、東日本大震災と福島第一原発事故の影響もあってすっかり国民から見放されてしまいましたが、最後の野田政権でようやくリベラル右派（中道左派）という正しい場所を見つけました。しかしそれは、あまりに遅かったのです。

現在の日本政治は、中道右派（安倍政権）の対抗軸が共産党しかないという奇妙な図式になっており、中道左派がいるべき場所には大きな政治的空白（ブルーオーシャン）が広がっています。維新の党と合併した民進党が党勢を回復するのか、新興政党が台頭するのかはわかりませんが、将来的にはこの場所を占めた政党が自民党の対抗勢力になるのでしょう。

それでは、ここまでの議論をまとめてみます。

①直感は、進化の過程のなかでつくられた脳のOSである
②私たちは、直感的に「正しい」と思えるものを「正義」とみなす
③進化論的に基礎づけられた正義は複数ある
④それぞれの正義は、重複する部分もあるが、原理的に両立できない
⑤それ以外に、直感的に正しいと思えない正義＝功利主義が存在する

こうした「正義の多重構造」が前提として共有されているならば、政治や道徳をめぐる議論はずっと実り多いものになるでしょう。しかし多くのひとは無条件に「正義はひとつしかない」と信じ込んでいるので、政治思想をめぐる議論は常に口汚い罵り合いへと堕してしまいます。まともなひとはこんな非生産的なことにかかわろうとは思いませんから、「論壇」なるものが消滅してしまうのは当然です。

これはもちろん日本だけでなく、世界じゅうで同じことが起きています。自分が信じるもの以外にも正義はあるという真理を受け入れるのは、それほどまでに難しいのです。

狂信はどのように生まれるのか

誤解のないようにあらかじめ断わっておくと、直感的な正義（速い思考）が功利主義的な遅い思考より劣っているわけではありません。なぜなら、愛情や友情のような私たちの人生で大切なものはすべて速い思考からもたらされるからです（功利主義的な愛情、というのは形容矛盾です）。しかし問題は、愛・美・徳といった美しいものの源泉となる速い思考が、同時に、この世界のもっともグロテスクなものをも生み出すことにあります。

奴らは敵だ。敵を殺せ

歴史や文化、宗教や民族、人種や性別を超えて、ひとはみな普遍的な正義感情を持っています。それと同時に私たちは、さまざまな場面で国家と国家が「正義」をめぐって対立することも知っています。これは共同体（国家）ごとに異なる物語がメンバーに共有されているからです。

共同体の正義は、進化論的にはなわばりから生じます。

自分のなわばりに侵入してきた敵を撃退すると同時に、敵のなわばりを侵してエサや異性（メス）を奪うのは、動物だけでなく昆虫や爬虫類、魚類にも見られるきわめて強力な生存戦略です。進化の過程のなかで、ヒトの脳にもこの〝なわばり感情〟は徹底して埋め込まれています。

〝正義〟とは自分（たち）のなわばりを守ることで、〝悪〟とはなわばりを奪いに来る敵のことです。ヒトは石器時代のむかしから、集団を俺たち（味方）と奴《やつ》ら（敵）に分けて殺し合ってきました。

これは歴史や文化のちがいを問わず、伝統的社会であれ文明社会であれ、どのような集団にも観察される〝人間の本性〟です。ドイツの法学者カール・シュミットは、「奴らは敵だ。敵を殺せ」が政治の本質だと述べました。

進化論的な直感では、世界は「善」と「悪」に二分されており、〝俺たち〟が〝奴ら〟を打ち倒すことで世界に「正義」が回復します。善（徳）を光、悪を闇とすれば、これは光と闇の闘争の物語でもあります。聖書からハリウッド映画まで、人類は文明の誕生から現在に至るまで、この代わり映えのしない物語をえんえんと語りつづけてきました。

このように考えると、尖閣《せんかく》諸島や竹島、北方領土問題がなぜ解決できないかがわかります。日本政府は領有権の歴史的正当性を主張していますが、中国や韓国、ロシアにも別の〝歴史（物語）〟があり、領土をめぐる紛争は原理的に解決不可能です。近代というのは国家が「主権」という至上の権力（神の権力）を持つという約束事でつくられた虚構の世界ですから、国家の物語が対立したときにどちらが正しいかを客観的に判定する仕組みを持っていません。イラクによるクウェート侵攻は（米国中心の）多国籍軍によって制裁されましたが、国連の安全保障理事国でもあるロシアのクリミア併合では国際社会はまったくの無力でした。

私たちはつい日本を中心に世界を見てしまいますが、インドとパキスタン、ギリシアとトルコなど、深刻な領土問題を抱えている地域は世界にいくらでもあります。尖閣問題に世界の注目が集まるのは、それが日本と中国という大国同士の領土紛争だからです（それに対して竹島問題は武力衝突の可能性がないのでほとんど関心を呼びません）。

国家の権力が及ぶ範囲を国境で区切るという考え方は近代成立以降に生まれたもので、それ以前は〝くに〟と〝くに〟との間には広大なグレーゾーンが広がっていました。だからどれほど歴史をさかのぼっても、〝固有〟の領土だという完全な証明はできません。どの国も結論が先にあって、それを正当化する理屈を後から考えているのです。

しかしこうした歴史学の常識は、現実の領土問題の前ではなんの役にも立ちません。敵になわばり（領土）を奪われれば、政権は国民の非難を浴びて崩壊してしまいます。

どれほど強大な権力でも、国民の信じる「光と徳の物語」に反することはできないのです。

挫折した若者がカリスマになるまで

ここで一人の若者に登場してもらいましょう。

地方都市の公務員の家に生まれ地元の高校に進んだ彼は、才能はあるものの学校に馴《な》染《じ》めず退学してしまいます。そのとき父親が急死したため、彼は保険金の一部を相続して上京し、大検での大学入学を目指しますが志望校にはひとつも合格できませんでした。自分では有名大学のどれかには入れると思っていたので、彼は強い挫折感を味わいます。それから2年ほどは予備校に籍を置きながら秋葉原のAKB48劇場に通い詰める気ままな生活をしていましたが、真面目に勉強することはなく蓄えも底をつき、ドロップアウトしてフリーター生活を始めます。最初は派遣で働き、居酒屋の店員になり、家賃が払えなくなってネットカフェに寝泊りしながら日雇い仕事も体験します。

この頃から、彼の様子が変わっていきます。

最初はブラック企業を糾弾する市民運動に顔を出しますが、ネオリベ批判には共鳴できたものの、従軍慰安婦問題をめぐって口論になり追い出されます。彼はずっと、韓国が歴史問題で一方的に日本を批判することに腹を立てていましたが、市民運動の活動家たちは「日本が朝鮮半島を植民地にしたから悪いのだ」というのです。

中学校のとき「きむ」という名の生徒がクラスにいたので、彼も在日朝鮮・韓国人の存在は知っていました。「きむ」は無口でいつもいじめられていたので、彼はかわいそうに思っていました。

そんなある日、彼は新宿のハローワークに行こうとしてハングル文字の看板がずらりと並んだ一角に迷い込みます。それまで彼は、日本のなかにこんな街があることを知らなかったので驚愕《きょうがく》しました。まるで日本が外国に乗っ取られたかのようです。

それから彼はインターネットを検索して情報を集め、在日朝鮮・韓国人がさまざまな特権を享受していることを知ります。これに危機感を覚えた彼はネットの掲示板などに大量の投稿を繰り返すようになり、いつしかその世界ではカリスマと呼ばれるようになっていきました……。

在特会（在日特権を許さない市民の会）の活動に参加する若者のありきたりな話だと思うでしょうが、じつはこれはある有名な人物の自伝を翻案したものです。時代は1890年代、場所はオーストリアの首都ウィーンでした。自伝のタイトルは『わが闘争』、書いたのはアドルフ・ヒトラーです。

マルクス主義とユダヤ人

『わが闘争』では、中学を中退して父親の遺族年金を頼りにウィーンにやってきた17歳のヒトラーが美術学校に落第し、さまざまな職を転々としながら社会の最底辺に落ちぶれていく様子が（脚色を交えながら）活《い》き活《い》きと描かれています。ヒトラーが夢中になったのはＡＫＢ48ではなく、当時、人気の絶頂だったワーグナーのオペラでした。

ヒトラーが育った南ドイツの田舎町にはユダヤ人はほとんどおらず、無口なユダヤ人の同級生を見てむしろその境遇に同情したと述べています。しかしあるときヒトラーは、ウィーンの町でカフタン（黒の長上着）姿のユダヤ人を見かけて驚愕します。彼の故郷には、そのような奇妙な格好をしたユダヤ人はいなかったからです。

それからヒトラーは新聞や政治パンフレットなどをむさぼり読むようになります。

ヒトラーはまず、彼が下劣きわまりないと考える演劇の作者を調べます。するとそのほとんどがユダヤ人でした。次にオーストリアで発行されている大新聞の編集者を調べると、これもユダヤ人でした。

こうしてヒトラーは、すこしずつ不安になっていきます。

当時のヨーロッパではマルクス主義が大きな影響力を持っていて、オーストリアでは社会民主党が労働者の大規模なデモを組織していました。ヒトラーは、この政治運動はいったい誰が動かしているのかを知ろうとします。『わが闘争』のなかから、有名な一節を引用してみましょう。

〈そこでわたしは我慢してこの種のマルクシズムの新聞記事を読もうとしたが、それに応じて嫌悪感が無限に大きくなってくるので、今度はこの総括的な悪事製造者をもっとくわしく知ろうとした。

発行人をはじめとして、みんなユダヤ人だった。

わたしはどうにか手に入る社会民主党のパンフレットを買って、その編集者の名前をしらべた。ユダヤ人だった。わたしはほとんどすべての指導者の名前に注意した。議会の代議士を問題にしても、労働組合の書記を問題にしても、また組織の議長、街頭の扇動者を問題にしてみても、そのほとんど大部分が、同様に「選ばれた民族」（ユダヤ人のこと――引用者註）に属しているものたちであった〉（平野一郎・将積茂訳『わが闘争』角川文庫）

こうしてヒトラーは、マルクス主義とはユダヤ人が世界を征服するための陰謀だという「真実」を発見したのです。

天啓のように〝それ〟はやってくる

〝狂信〟は、いつの時代でも、世界のどこでも同じプロセスでひとを虜《とりこ》にします。挫折を受け入れることができなければ、ほかに原因を求めるしかありません。するとある日突然、天啓のように〝それ〟はやってくるのです。

ヒトラーにとっての〝それ〟は、自分たちは「ゲルマン民族の光の戦士」で、「闇の陰謀集団」によって虐げられている民族を救済する使命を帯びている、という物語でした。こうしてウィーンでの挫折体験は見事に逆転して、世界を救う〝聖戦〟が始まったのです。

いったん〝それ〟がもたらされると、真実を証明する証拠が次々と発見され、最初の疑いはたちまち確信へと変わります。これは無意識のうちに都合のいい話だけを選び取っているからですが、本人はそのことを自覚できません。

狂信にとりつかれた者は、その行動や感情が周囲に影響して同じような「信者」を引き寄せます。こうしてヒトラーはカリスマになっていきました。

ナショナリズムの魅力は宝くじによく似ています。

社会的に成功するためには才能や努力が必要です。学歴によって階層化された社会では、大学受験や就活で失敗してしまうと、それが大きなハンディとなってしまいます。

しかしそれでも、宝くじだけは、誰に対しても平等に億万長者になるチャンスを与えてくれます。必要なのは〝運〟だけで、努力も才能も学歴もいらないという仕掛けが、賭け金の半分を購入時に税金としてぼったくられるにもかかわらず、多くのひとを魅了するのです。

同様に偏狭なナショナリズムは、「ゲルマン民族はユダヤ人に優越する」「日本人というだけで中国人や韓国・朝鮮人より優れている」というイデオロギーで、相手より優位に立つためになんの才能も努力も要求されません。ゲルマン民族として、あるいは日本人として生まれただけで無条件にキャラのレベルを上げることができるのですから、こんなにお手軽でうまい話はありません。これが、いつでもどこでもナショナリズムが大衆に好まれる理由でしょう。

ナショナリズムがやっかいなのは、私たちが「光と徳の物語」を必要としているからです。とりわけ第一次世界大戦後のヨーロッパのように、世界を成り立たせていたシステム（帝国主義）が行き詰まり世界恐慌によって共同体が深刻な危機に瀕《ひん》すると、未来への不安からひとびとはより過激でわかりやすい物語を求めるようになります。こうして〝光〟と〝徳〟は輝きを増して国民を熱狂させ、敵（ユダヤ人）を焼き尽くし、最後には自らを滅ぼすことになったのです。

「光と徳の物語」としてのゼロ

日本人はどのような「光と徳の物語」を紡《つむ》いできたのでしょうか。

近年のさまざまな研究成果によって、古代史を中心に日本の歴史は大きく見直されています。

ユーラシア大陸から朝鮮半島やサハリン経由で日本列島にヒトが渡ってきたのは、およそ4万~3万5000年前だと考えられています。彼らは関東や東海地方に後期旧石器時代の多くの遺跡を残し、約1万5000年前に縄文時代(新石器時代)が始まります。

紀元前5世紀頃になると、中国文明の影響を受けたひとびとが朝鮮半島から対馬《つしま》経由で北九州に渡来し、稲作を中心とした弥生《やよい》時代に入ります。中国では都市文明の記録は紀元前17世紀にまでさかのぼりますから、「文化」が日本に伝わるまで1000年以上かかったことになります。

唐の誕生が「日本」を生んだ

九州に渡った弥生人は稲作に適した土地を求めて瀬戸内海と日本海を東へと進み、吉《き》備《び》（岡山県・広島県東部）や出雲《いずも》（島根県）に大型の墳墓を残しました。とりわけ畿内（大阪・奈良・滋賀）は瀬戸内海と琵琶湖、日本海側の若狭《わかさ》湾を結ぶ交通の要衝で、稲作に適した河内《かわち》平野が開け、琵琶湖から東に進んで峠を越えれば東日本（関東・東海）へと至るため、古来より有力な氏族が覇を競ったと考えられています。そのひとつが「倭《わ》（ヤマト）」で、4世紀中頃から中国大陸と交流を持ち、東晋《とうしん》や南朝《なんちょう》に朝貢した記録が残っています。当時の中国大陸は漢帝国滅亡後の長い混乱期で、さまざまな王朝が興っては消えていました。

その中国を300年ぶりに統一したのが隋《ずい》ですが、実質2代、40年足らずで唐《とう》に取って代わられます。618年にこの巨大な統一王朝が誕生したことが、朝鮮半島と日本に大きな影響を与えました。

当時の朝鮮半島は高句麗《こうくり》、新羅《しらぎ》、百済《くだら》の3国が鼎立《ていりつ》しており、百済と高句麗に南北から挟撃される立場の新羅はいち早く唐に朝貢して属国となる道を選びます。それを受けて唐は高句麗を攻め、次いで新羅を従えて百済に迫ります。追い詰められた百済が倭国に支援を求めたことで、663年に白村江《はくそんこう》で唐・新羅連合軍と百済・倭国連合軍が激突します。この戦いに大敗したことで百済は滅亡し、倭国は朝鮮半島への足がかりをすべて失うことになりました。

この敗戦は倭国に激しい動揺を招きます。大帝国である唐との圧倒的な軍事力の差を見せつけられたことから、倭国の指導者たちは国号を「日本」と定め、「天皇」を置き、唐と外交交渉ができるよう〝グローバル化〟を進めたのです（岡田英弘『日本史の誕生』ちくま文庫）。

中華帝国の朝貢・冊封《さくほう》体制では、中華に属さない蛮族（東夷《とうい》・西戎《せいじゅう》）の王は皇帝に貢物をして服従の意を示し（朝貢）、見返りとして贈り物を受けます（冊封）。「皇帝」を名乗ることが許されるのは中華帝国の支配者（天子）だけですが、当時の日本は唐と国交を結ぶにあたり、皇帝に服従する「王《おおきみ》」ではなく同格の「天皇」の号を用いました。これは対内的には唐と対等であるとして王権の権威を示そうとしたものですが、もちろん唐では、日本は東夷の属国のひとつとして扱われていました（この倭国が天皇家につながるかどうかは歴史家の間でも諸説あります）。

万世一系――日本にしかないもの

中国大陸に隋・唐という統一王朝が成立すると、多くの知識人が遣隋使・遣唐使として海を渡り、仏教や儒教、道教など中国の最新思想（グローバルスタンダード）を日本にもたらします。それは飛鳥・奈良時代の支配層にとってとてつもない衝撃でした。

中国では紀元前17世紀の殷《いん》の時代から文字の記録が残り、孔子《こうし》は紀元前6世紀の聖人で、漢王朝が繁栄したのはおよそ紀元前200年から紀元後200年にかけてでした。その長い歴史のなかで、中国には膨大な文書・記録が残されています。それに対して日本には、8世紀まで王権の正統を示す歴史書すらなかったのです。

こうして『日本書紀』と『古事記』の編纂《へんさん》が国家事業として開始されました。そのなかではじめて天孫降臨の神話と万世一系の物語が登場し、戦前まではこれが〝史実〟とされてきたのですが、いまでは「日本神話」のほとんどが中国の史書を原典としていることがわかっています。『日本書紀』も『古事記』も、唐から帰国した知識人や渡来人たちが天皇や貴族（畿内の豪族）の権力の正統を内外に示すためにつくったフィクションでした。

『日本書紀』『古事記』編纂当時の最高権力者は藤原不比等《ふひと》で、自分の孫にあたる首皇子《おびとのみこ》（後の聖武）を天皇位につけようとしていました。この野望を実現するためには、文武天皇（不比等の娘の夫）から首皇子への長子相続が唯一の正統であり、その皇統が神（天孫）へとつながることが示されなければなりません。このようにして、「天孫降臨」

「万世一系の神話」が創造されたのです（大山誠一『天孫降臨の夢』NHKブックス）。

その後、律令制が行き詰まり、鎌倉幕府が成立すると天皇や貴族は政治の実権を失って王権のための儀式の主宰者になっていきます。室町幕府の将軍足利義満が「日本国王」を名乗って明《みん》に朝貢したことはよく知られていますが、戦国時代に覇を競った織田信長や豊臣秀吉、徳川家康らも自分が日本の「王」であることを当然と考えていました。

ところが江戸時代の後期になると、朱子学や陽明学など儒教の新思想の影響で、天皇こそが日本を統《す》べる正統で、徳川幕府は天皇から統治権を預かっているだけだという考え方が、当の徳川家（水戸藩）から出てきます。それが後の尊王思想となり、幕府から天皇への大政奉還の根拠となりました（小島毅『近代日本の陽明学』講談社選書メチエ）。

なぜこのとき、徳川家よりも天皇を優位に置かなければならなかったかというと、やはり中国（東アジア）の情勢が影響しています。

満州に興った清《しん》が1644年に明朝を滅ぼすと、夷（野蛮人）が華（世界の中心）の皇帝になるという、儒教ではあってはならないことが起こります。この「華夷変態《かいへんたい》」を受けて朝鮮王国（李朝）では、満州族の辮髪《べんぱつ》は儒教の礼に背くとして、中華の正統は自分たちに引き継がれたという考えが広まります。これを小中華思想といいますが、それに対抗して日本でも自分たちこそが中華の正統だという主張が起こったのです。

当時、李氏朝鮮では中国以上に厳格な儒教の礼による統治が行なわれていました。それに比べて日本では、儒教は仏教と同じく学問（外来思想）や人生訓と考えられており、徳川幕府の統治は儒教的秩序とは無関係でした。そのため水戸藩の儒者は、李氏朝鮮のように礼によって自らの正統を主張することができません。そのとき彼らが見つけ出してきたのが、中国や朝鮮にはなく日本にしかないもの、すなわち「万世一系」だったのです。

ローカルとグローバルの逆転

「万世一系」の神話は『日本書紀』を編纂した藤原不比等によって8世紀に創作され、水戸藩の儒者によっておよそ1000年後に再発見されました。その間、この神話は密教のように天皇家と公家のなかだけで伝えられてきました。政治的実権を奪われた彼らにとって、自らが〝貴種〟であることだけが唯一の支えだったからです。

もっとも、万世一系の影響が及んだのは皇室だけではありません。

日本では古来、先祖や自然を土着の神として祀《まつ》っていましたが、「グローバル思想」である仏教が伝わるとこうしたアニミズム（自然信仰）は遅れた風習として蔑《さげす》まれるようになります。そこで土地の祖先神（ローカルな神）を、仏というグローバルな神によって格上げする動きが広がっていきます。

こうした神仏習合はこれまで、古層としての神道（神祇《じんぎ》信仰）があり、そこに仏教という新思想が重なったのだと説明されてきましたが、最近の歴史学では「神道」そのものが仏教との関係のなかで生まれたのだとされています。日本文化の「古層」もまた、仏教伝来後に、過去にさかのぼって創造されたのです。

奈良時代には、「神道の神は迷える存在で仏の救済を必要としている」と考えられていました。それが平安時代になると、「神はじつは仏が衆生《しゅじょう》救済のために姿を変えて現われたものだ」とされるようになります。これが本地垂迹《ほんちすいじゃく》説で、天照大神《あまてらすおおみかみ》が大日如来《だいにちにょらい》であるように、日本の八百万《やおよろず》の神はすべて仏の化身だというのです。

ところでなぜ、日本では仏の代わりに神が衆生救済を説くのでしょうか。それは日本が小国で、日本人が愚鈍で善根《ぜんこん》が少ないため、仏がわざわざ説法に来てくれるはずもなく、神が代理になるほかなかったからです（末木文美士《ふみひこ》『中世の神と仏』山川出版社）。仏教が本店、神道が海外支店の関係で、本店のエリートを派遣してもらえないので現地人が代行していたのです。

これはまさに神道版の〝自虐史観〟ですが、奈良・平安時代まではそれが当然とされるほど日本と中国（グローバル）との文化の格差は大きかったのです。

ところが鎌倉時代の二度の元寇《げんこう》で、為政者や知識人の間に〝ナショナリズム〟が高まります。神道の世界でも、仏教の優越を否定し日本独自の神を復権させる動きが出てきます。こうした〝神道ナショナリズム〟はとりわけ後醍醐《ごだいご》天皇の南朝に顕著で、側近の北畠親房《きたばたけちかふさ》は天皇家の系譜である『神皇正統記《じんのうしょうとうき》』の冒頭に「大日本国は神国である」と書きました。このとき北畠親房が南朝の正統を主張するのに用いたのも「万世一系」です。

神が至高の存在になれば、もはや仏に従う理由はありません。こうして神道の世界では、「日本の神々が化身して仏になった」という反本地垂迹説が唱えられるようになります。ここに至ってローカルとグローバルは逆転し、〝自虐史観〟は〝自尊史観〟に変わったのです。

戦艦大和がナチスと戦う

北畠親房の神国思想は水戸藩の儒者を経由して明治政府に引き継がれました。その後の歴史は誰もが知っているとおりです。日清・日露の両戦役のナショナリズムの高揚のなかで大日本帝国は朝鮮半島を植民地化し、満州国を建国し、中国を侵略し、対米開戦に踏み切りますが、その結果は無残な敗戦でした。

この敗戦によって、「天孫降臨」「万世一系」という「光と徳の物語」は深刻な危機に陥ります。天皇の統べる日本は〝神国〟で、天皇の軍隊は〝神兵〟なのですから敗北はあり得ないはずなのに、完膚なきまでに叩《たた》きのめされたあげく原爆を投下され、米国に占領されてしまったからです。

こうして戦後日本は、また〝自虐史観〟から自分たちの物語を紡ぎはじめるしかなくなりました。それが「日本人は劣っているから戦争を放棄しなければならない」という〝平和思想〟です。

「日本は仏すら来てくれない二流の国だ」という神道版の自虐史観は1000年ほど続きましたが、「日本は自分の国を守る軍隊すら持てない二流の国だ」という戦後日本の自虐史観の寿命ははるかに短いものでした。戦争体験者が存命し、進歩的知識人と呼ばれたひとたちが論壇を支配していた時代は「平和憲法は世界一だ」という〝日本の常識〟が通用しましたが、年号が平成に変わる頃から〝光〟も〝徳〟もない物語は急速に魅力を失っていきます。

このようにして日本人は、新たな日本民族の神話＝自尊史観を求めるようになりました。しかし戦前の植民地政策やアジアへの侵略、その〝報い〟としての悲惨な敗戦は歴史的事実で、戦後世界の基礎をつくった東京裁判を否定すれば国際社会で生きていく場所を失ってしまいます。自分たちの〝正統〟を示すために、もはや万世一系という便利な神話に頼ることはできないのです。

戦後日本の屈折したナショナリズムは、ゴジラやウルトラマンなどサブカルチャーの世界で描かれてきました。1974年にテレビ放映が開始され、77年の劇場版でブームの頂点を迎えた『宇宙戦艦ヤマト』はその典型でしょう（2010年には木村拓哉主演の実写版『SPACE BATTLESHIP　ヤマト』が公開されました）。

よく知られたこの物語では、地球はガミラスという星からの攻撃で放射能に汚染され、1年後には全人類が滅亡する危機に立たされています。そこにイスカンダルという星から「放射能除去装置」の提供の申し出があり、宇宙戦艦に改造された戦艦大和でイスカンダルを目指します。

この設定で明らかなように『宇宙戦艦ヤマト』のモチーフは、制空権を米軍に握られたまま沖縄戦に投入され、犬死に同然で海の藻屑《もくず》となった戦艦大和の戦いをやり直すことです。

敵の惑星ガミラスは、独裁者のデスラー総統やドメル司令長官、ゲール副司令官という名前からもわかるように、明らかにナチスドイツをモデルにしています。『宇宙戦艦ヤマト』が描く「ありうべき第二次世界大戦」では、日本は（地球）連合国という光の側に立ってファシズムの悪と戦うのです。1970年代の日本のナショナリズムは、こうした極端に屈折した物語をなんの抵抗もなく受け入れていました（佐藤健志『ゴジラとヤマトとぼくらの民主主義』文藝春秋）。

ふたたび見失われた「国民の物語」

宮崎駿《はやお》の（おそらくは）最後の長編アニメ『風立ちぬ』では、徹底した軽量化によって驚異的な速力と航続力を実現したゼロ戦を設計した技術者・堀越二郎をモデルに、鳥のように自由に空を飛ぶ夢と、〝ものづくり〟の誠実な職人の世界が描かれます。

宮崎駿がなみなみならぬ覚悟で戦争の時代を題材にした作品ですが、奇妙なことに、時代背景に登場するのは関東大震災だけで、朝鮮半島の植民地化も、満州国の建国も、泥沼化した日中戦争も、さらにはゼロ戦が活躍した太平洋戦争すら出てきません。主人公は暗い時代のなかで、自らの仕事（戦闘機の設計）に励みつつも結核を病む妻・菜穂子との純愛を貫くのです。

宮崎駿はなぜ、戦争を描くことを断念せざるを得なかったのでしょうか。

戦前の軍隊は国民のためのものではなく、国体（天皇を天孫とする万世一系の国柄）を守る天皇の私兵で、満州においても、沖縄においても、民間人を守るために戦うことはありませんでした（終戦間際の満州では、関東軍はソ連軍が侵攻すると戦力温存のため民間人を置き去りに撤兵し、多くの犠牲者を出しました）。このような〝賞味期限〟の切れた神話からは、戦後の価値観に見合う「光と徳の物語」はどのようにしても見つけ出せません。だからこそ物語は、時代を覆うナショナリズムの熱狂から隔絶した場所で、職人気質（戦後日本の繁栄を支えた〝ものづくり〟）や恋愛（戦後のゆたかさのなかでの小市民的幸福）を描くほかなかったのでしょう。

戦後におけるナショナリズムの困難にぶつかったのは、もちろん宮崎駿だけではありません。

『さらば宇宙戦艦ヤマト』では、主人公の古代《こだい》進《すすむ》は恋人の死体を抱いて、「宇宙」を守るためにたった一人で敵の巨大戦艦に突入していきます。百田《ひやくた》尚樹《なおき》の『永遠の0《ゼロ》』では、ゼロ戦の辣腕《らつわん》パイロットでありながら生きることに執着し、「必ず戻る」と妻に約束した〝海軍航空隊一の臆病者〟が、最後は微笑を浮かべながら米空母に特攻していきます。彼らは国体のために「天皇陛下バンザイ」を叫んで玉砕するのではなく、「愛する故郷や家族を守る」という戦後民主主義的な価値のために自らの生命を犠牲にするのです。

〝自虐〟と〝自尊〟を繰り返すのは後進近代に特有の現象で、日本だけでなく中国や韓国、その他多くの国でも見られます。これは「遅れてきた」ということが、自分たちに都合のいい物語を紡ぐことを難しくしているためです。

日本の〝右傾化〟と呼ばれているものは、失われた「光と徳」を取り戻したいという無意識の欲求が生み出したものです。第二次世界大戦を戦後の価値観から〝修正〟する物語が繰り返し語られ、多くの日本人を魅了するのは、私たちが東京裁判史観という

「闇と悪の物語」を受け入れることができないからでしょう。〝右傾化〟は首相や一部の政治家の個人的な思い入れではなく、日本人が「国民の物語」を見失ってしまったことから生じているのです。

ひとはみな、直感的に理解できる気分のいい物語をつくろうとします。「光と徳の物語」は進化の過程で生まれた正義感情に支えられているため、圧倒的なちからで私たちを支配します。その「物語」が利権（金儲《もう》け）と結びついて暴走を始めたら、もはや理性（遅い思考）は働かず、破局によって現実を突きつけられるまで抜け出すことはできません。すべてのやっかいな問題は、ヒトがヒトであるからこそ起きるのです。

もっとも、世界がなぜこうなっているのかを理解できたとしても、目の前の問題を解決する役には立ちません。それは私たちが、いまも進化の僕《しもべ》であるからです。「私たちはみんなバカである」という不愉快な現実を受け入れることが、ゆっくり考える第一歩になるのです。

Part1

POLITICS

政治

1 ニッポンの右傾化

〝俺〟ではなく〝俺たち〟を自慢する日本人

アメリカの高校生にリーダーシップがあるかどうか質問すると、7割が「自分は平均以上」と答えます。大学教授を対象とした調査では、94％が「自分は同僚より優秀だ」と回答します。平均より優れたひとは半分しかいないはずですから、これは明らかにおかしな現象です。

心理学では、無意識のうちに自分を過大評価することを「平均以上効果」といいます。私たちの住む世界では、ほとんどのひとが平均以上に知能が高く、平均以上に公平で、平均以上に車の運転が上手《うま》いのです。

自分に根拠のない自信を持つ傾向は、「ポジティブ・イリュージョン」として知られています。といっても、〝幻想（勘違い）〟なんだから矯正すべきだ、といいたいわけではありません。

子どもに対して「もっと現実を直視しなさい」と説教する親や教師がいますが、自己評価と他者の評価が一致している、すなわち〝勘違いしていない〟ひとの典型はうつ病患者です。あらゆる出来事をネガティブにとらえてしまうのがうつ病だとされていましたが、最近の研究では、彼らの自己認識は正確すぎてポジティブな勘違いができないのだと考えられるようになりました。

「日本人はうつ病にかかりやすい」といわれますが、国際比較調査においても日本人の自己評価の低さは際立っています。

日米中３カ国の高校生約３４００人を対象に行なわれた調査では、「私は他人に劣らず価値のある人間である」という質問に肯定的に答えた高校生はアメリカで89％、中国で96％だったのに対し、日本ではわずか38％でした。その一方で、「自分にはあまり誇りに思えるようなことはない」と答えたのは、アメリカ24％、中国23％に対して日本の高校生は53％と半数を超えます。

これを見ると〝自己卑下（正確な自己認識）〟が日本人の特徴といえそうですが、大学生を対象とした調査では、明らかに自分を「平均以上」だと答える項目が見つかっています。男女を問わず日本の大学生が「自分は他人より優れている」と思っているのは、

〝優しさ〟〝真面目さ〟〝誠実さ〟です。知能や容姿のような比較が容易なものではなく、評価基準が曖昧なものには過剰な自信を持てるのです。

だとすればこれは、「日本人は現実を直視できる」という話ではなく、ポジティブ・イリュージョンの表われ方が文化や社会によってちがっているのかもしれません。

社会心理学の研究によれば、日本人のもうひとつの特徴は、「人間関係を仲介として自分自身を高く評価する傾向」が顕著なことです。自分は平均以下かもしれないけれど、自分の夫婦関係や友人との関係は平均以上だと思っているのです。

個人ではなく関係性に依存するというのは、よい面も悪い面もあります。

日本人は〝俺〟ではなく〝俺たち〟を自慢しがちです。これが「自分はたいしたことないけど会社は一流だ」とか、「俺はリア充じゃないけどニホンは世界から尊敬されている」という意識につながっているとしたら、心当たりのあるひとも多いのではないでしょうか？

参考文献：菊池聡『「自分だまし」の心理学』祥伝社新書

〝憲法改正〟論議がカルト化していく理由

安倍政権が憲法9条の見直しを考えていたことは、2012年4月に自民党が発表した憲法改正草案を見ても明白です。この「草案」が強い批判を浴びたことで、憲法改正のハードルを下げるべく96条先行改正を目指しますがこれも頓挫《とんざ》し、集団的自衛権の行使容認問題では閣議決定による憲法解釈の変更へと方針転換されました。

日本においてつねに憲法が問題になるのは、それが敗戦後の米軍支配下において、マッカーサー元帥率いるGHQによってつくられたものだからです。「日本側の意見も取り入れられた」との主張もありますが、現行憲法が英語版を日本語訳したことは歴史資料においても明らかです。

ところで、私たちはなぜ憲法を「押し付けられた」のでしょうか。それは大日本帝国が無謀な戦争に突入して無残な敗戦を喫し、広島と長崎に原爆を落とされたうえに、侵略と植民地主義の責任を戦勝国から問われたからです。それは日本国に対し、300万人の自国民の戦死者だけでなく、2000万人ちかいアジアの死者への「罪」を問うものでもありました。

戦後70年経ったいまに至るまで、日本人はこの「歴史問題」とどのように向き合えばいいかわからないままです。だからこそ、〝不都合な歴史〟を不断に突きつけてくる憲法を「取り戻す」ことが保守派の悲願になるのでしょう。

一般論としていえば、主権者である国民の総意によって憲法を時代に合わせて改正していくのは当然のことです。保守派は護憲派を「憲法を不磨《ふま》の大典《たいてん》にしている」と揶揄《やゆ》しますが、GHQの若者たち(ただし理想に燃えた優秀な若者たち)が突貫工事でつくった憲法をありがたく押し頂いて一字一句の変更も許さないのでは、自主自尊の気概に欠けるといわれても仕方ありません。

憲法護持派は、現行憲法にはなにか特別なちからが宿っていて、9条の文言を変えればたちまち日本を災いが襲い、戦争に巻き込まれると信じているようです。これは、言霊《ことだま》信仰以外のなにものでもありません。

しかしそれをいうなら、憲法改正派もまた同じ言霊信仰に毒されています。

憲法はもともと、暴力を独占する国家から国民の人権を守るためのものです。現行憲法の前文はそうした意図で明快に書かれていますが、自民党の改正草案はこれを全面的に書き直し、国民に対し、「和を尊び、家族や社会全体が互いに助け合って」、「良き伝統と我々の国家を末永く子孫に継承する」ことを求めています。立憲主義の立場からすると、憲法は国民が国家を拘束するためのもので、国家が国民に説教するのは大きな勘違いです。

ひとびとがゆたかになるに従って、価値の中心が「社会」や「家族」から「個人」に移るのは世界のどこでも同じです。ところが憲法改正派はこれを〝マッカーサー憲法〟のせいにして、憲法を変えれば日本人がふたたび〝和〟を尊ぶようになると信じているのです。

異なる言霊信仰が衝突しているのですから、憲法をめぐる議論が「国民和解」へと至ることは永遠にありません。憲法について語ると徒労感しか残らないのも当然です。

特定秘密保護法案と自分勝手なひとたち

国家機密の漏洩《ろうえい》に罰則を科す特定秘密保護法案が与党の強行採決で成立しました。これに対して法案に反対するひとたちは、国会周辺でデモを繰り返し、「恥を知れ」と叫んでいます。自民党の石破茂《いしばしげる》幹事長（当時）が、「（デモの）絶叫戦術はテロ行為とその本質においてあまり変わらない」とブログに書いたことで、絶叫はさらにヒートアップしてしまったようです。

この問題については左右両極からさまざまな主張がありますが、議論が紛糾するのは典型的なトレードオフ（こちらを立てればあちらが立たない関係）だからです。

近代国家は軍隊や警察などの暴力を独占していますから、その権力行使は市民に公開され、監視されなければなりません。これがデモクラシーの大原則である以上、不都合な情報を隠蔽《いんぺい》する権利を国家に与えるのが矛盾であることはいうまでもありません。

その一方で、北朝鮮の核開発やミサイル発射実験、中国の防空識別圏設定など、日本が隣国と軍事的・外交的緊張関係にあることも明らかです。日本の安全保障が日米安保条約と在日米軍（核の傘）に依存している現実から目を背けることはできません。

安倍政権が特定秘密保護法案の成立を急いだのは、アメリカから「公務員が国家機密を漏らしても処罰されないのでは重要な軍事機密を共有できない」といわれたからです。先進国のほとんどは同様の法律を持っており、「安全保障にきわめて重要」との説明には説得力があります。

こうした問題意識は政治家にも広く共有されていて、衆院では野党のみんなの党が法案に賛成し、日本維新の会が棄権という消極的賛成を選びました。参院は強行採決で紛糾しましたが、両党は法案に反対することなく退席しています。民主党も政権党時代、尖閣諸島中国漁船衝突映像流出事件で秘密保護の法制化を訴えていますから、「絶対反対」は共産党などごく一部で、国会議員の9割ちかくが法案の必要性に同意していることになります。本来ならこれほど揉《も》める話ではなかったはずです。

トレードオフの問題に絶対の正解はなく、よりマシな選択をしたうえで時間をかけて修正していくしかありません。法案がないのは秘密がないからではなく、これまで政治家や官僚が恣意《しい》的に情報を隠してきたのですから、曲がりなりにもルールができたことは一歩前進でしょう。あとは責任ある野党が、特定秘密の指定と情報公開について実現可能な対案を提示していけばいいのです。

石破幹事長のブログで批判されているのは、じつは国会周辺のデモ隊ではなく、法案の共同修正に同意しながら日程を理由に衆院の採決を棄権した維新の会です。法案成立に責任を負う立場からすれば、日頃は立派なことをいっていながら、いざとなったら火の粉をかぶるのを恐れて逃げ出すのは許し難かったのでしょう。

維新の会の石原慎太郎共同代表（当時）は、党首討論でメディアの批判を「被害妄想」「流言蜚語《りゆうげんひご》」と断じ法案に賛成しましたが、採決のときに所属議員は退席してしまいました。「愛国」を振りかざしながら世論に怯《おび》え、汚れ仕事はすべて政権に押し付ける。こんな自分勝手なポピュリズムを目《ま》の当たりにしたら、デモ隊に八つ当たりする気持ちもわからなくはありません。

メディアによる〝世論操作〟も危険だ

日曜に繁華街を歩いていたら、鉦《かね》や太鼓の騒々しい音が聞こえてきました。なにごとかと思って見に行くと、特定秘密保護法に反対するひとたちのデモでした。といっても、拡声器や鳴り物で音は大きいものの参加者は50～60人ほどしかおらず、街はひとで溢れていましたが誰もが無関心に通りすぎていくだけです。原発事故直後の大規模なデモとは雲泥の差で、秘密保護法への国民の関心の程度がわかります。

そもそもこの法律は、安全保障にかかわる国家機密を漏洩した公務員への罰則を強化するためのものです。しかしこれではほとんどのひとにはどうでもいい話になってしまいますから、法案に反対するひとたちは、戦前の治安維持法を引き合いに出して「あなたの生活が危険に晒《さら》されている」と主張しています。

新聞やテレビでは、「高校時代の同級生と居酒屋で酒を飲んだら特定秘密の話題が出て逮捕された」などの〝想定事例〟が紹介されていますが、ここまで拡大解釈するならば、警察や自衛隊も「国民を弾圧する可能性がある」として全否定しなくてはならなくなります。極端なネガティブキャンペーンの氾濫が冷静な議論を妨げてしまうのはとても残念です。

朝日新聞は秘密保護法についての世論調査を実施し、「賛成24％、反対51％」と一面で報じました（２０１３年12月8日付朝刊）。記事にはアンケートの詳細が出ていますが、質問は次のようになっています。

「特定秘密保護法は、国の外交や安全保障に関する秘密を漏らした人や不正に取得した人への罰則を強化し、秘密の情報が漏れるのを防ぐことを目的としています。一方、この法律で、政府に都合の悪い情報が隠され、国民の知る権利が侵害される恐れがあると の指摘もあります。特定秘密保護法に賛成ですか。反対ですか」

この質問では、秘密保護法の意義を前段で紹介し、後段で反対派の主張を述べていま す。一見すると両論を併記しているようですが、これは自分の都合のいいように回答を 誘導する典型的な手法です。

その理由は、質問文の構成を逆にしてみればすぐにわかるでしょう。ひとは無意識の うちに前段を弱い（偽の）主張、後段を強い（正の）主張ととらえ、質問者の意図に添 った回答をするのです。

同じ世論調査には、「この法律は、衆議院に続いて参議院の委員会でも与党が採決を 強行しました。特定秘密保護法について与党が採決の強行を繰り返したことは問題だと 思いますか」のように、明らかに中立性に欠ける質問がほかにもあります。こうした手 法は統計学者などから繰り返し批判されており、関係者には周知の事実でしょうから、 これでは「見識」を疑われても仕方ありません。

秘密保護法についての世論を知りたいのなら、余計な注釈は付けず、「賛成ですか、 反対ですか」と聞けばいいだけです。しかしそうすると反対が減って「よくわからな い」という回答が増えてしまうので、こうした形式を採用したのでしょう。

反対派は秘密保護法が危険だと声を大にして主張しますが、メディアによるこうした

〝世論操作〟も同じように危険なのです。

集団的自衛権より大事な問題

集団的自衛権の行使容認をめぐって、安倍首相が憲法解釈の変更を示唆したことが議論を呼んでいます。これは憲法9条改正につながるきわめてやっかいな問題ですが、できるだけシンプルに考えてみましょう。

現憲法の条文やその成立過程を見れば、「戦争放棄」「戦力不保持」「交戦権否認」を定めた9条が、戦勝国であるアメリカが敗戦国である日本に科した懲罰規定であることは明白です。ナチスドイツを生んだ反省から、第二次世界大戦では戦後処理の方針が大きく変わり、敗戦国を植民地化したり、苛酷《かこく》な賠償を取り立てることが抑制されました。その代わり「平和主義」の美名の下に、二度と戦争を起こさせないよう戦力を剝奪《はくだつ》する罰が加えられたのです。これはいわば、不平等条約のようなものです。

ところがその後、中国の共産化と朝鮮戦争によって日本を取り巻く国際情勢が大きく変わります。アメリカにとって、ソ連・中国という共産勢力を抑止するため日本に再軍備を促すことが国益になったのです。

国の自衛権まで憲法で放棄してしまえば、敵が攻めてきてもなんの抵抗もできず降伏するしかありませんから、これが非常識な規定であることはいうまでもありません。本来であればこのとき〝不平等条約〟を改正し、憲法で自衛軍を定める「ふつうの国」になっていればなんの問題もなかったのでしょう。

しかし当時の日本は国民の大多数が平和憲法を支持しており、9条改正や再軍備をいい出せる状況ではありませんでした。そこで自衛隊という、軍隊でありながら軍法を持たない奇妙な組織がつくられたのです。

戦前の歴史を振り返ってみれば、破滅へと至る最大の原因が、軍の統帥権（最高指揮権）を内閣から切り離し、天皇の下に置いたことにあるのは明らかです。だからこそ軍は「統帥権の独立」を建前に内閣の決定を無視し、各自の権益を追求して泥沼の戦争に突き進んでいったのです。

そのような歴史の反省を踏まえれば、戦後日本の最大の課題は、軍という巨大な暴力装置を厳重なシビリアンコントロールの下に置くこと以外にありません。それは軍を、国土と市民を守るための組織として憲法に規定し、その権限と活動の範囲を法によって定め、内閣の決定に服従させることです。ここまでは文民統制のごく当たり前の定義で、右派、左派を問わず異論はないでしょう。

ところが日本の「リベラル」と呼ばれるひとたちは、憲法9条を教条的に解釈し、自衛隊の存在そのものを違憲とすることで、軍の民主的な統制という重大な課題からずっと目を背けてきました。いまだに日本には、有事の際に自衛隊の行動を規定する法律すら整備されていないのです。

問題の本質は集団的自衛権の行使以前に、軍を統制する民主的な手続きの欠落にあります。これはきわめて危険な状態で、本来であれば保守派に先んじて、リベラル派こそが軍を法の支配の下に置くことを主張しなければなりませんでした。

安倍政権の登場は、戦後70年間、彼らが空理空論を弄《もてあそ》んできたことの当然の報いなのです。

2 嫌韓と反中

靖国問題と歴史のねじれ

安倍首相が2013年末に靖国神社を参拝したことに中国や韓国が激しく反発しています。靖国をめぐる問題はなぜこれほどまでにこじれるのでしょうか。

安倍首相は靖国に参拝する理由を、「戦場で散っていった方々のために冥福を祈り、手を合わせるのは世界共通のリーダーの姿勢だ」と説明しています。アメリカのアーリントン墓地をはじめとして、どの国も戦場で生命を落とした兵士を手厚く弔《とむら》っていますから、これは安倍首相のいうとおりです。しかしここでは、重大な問題が素通りされています。

靖国神社は明治維新の翌年に戊辰《ぼしん》戦争の官軍の犠牲者を弔う「東京招魂社」として建立され、その後、明治天皇によって「靖国」と改称されました。戦前の軍隊は「皇軍」

で、兵士は天皇の名の下に戦い散ったのですから、その魂を鎮める祭司は天皇以外にあり得ません。その出自から明らかなように、靖国神社は天皇の神社だったのです（実際は陸軍省と海軍省の共同管理）。

ところが日本を占領したGHQが国家神道を廃止したことで、靖国神社も一般の宗教法人に格下げされてしまいます。これが「首相の参拝は憲法の政教分離原則に反する」との批判の根拠ですが、より本質的な問題は、民間の宗教施設が「英霊」を祀っていることにあります。国のために生命を捧げた兵士たちの慰霊は国家が行なうのが当然で、日本以外にこのような奇妙なことになっている国はおそらくないでしょう。

靖国問題は1978年に東条英機《とうじょうひでき》元首相などA級戦犯14柱を合祀《ごうし》したことに端を発しています。合祀の是非はともかくとして、A級戦犯の扱いは戦争責任と戦後日本のアイデンティティに直結しますから、すべての国民にとって重大な関心事であることは間違いありません。民主的な国家であれば、国論を二分するような政治的決定は、選挙によって選ばれた政治家が国会で（公の場で）議論したうえで行なうのが当然ですが、靖国神社は民間施設なのでなんの説明もないまま一方的に合祀が行なわれてしまったのです。

A級戦犯合祀の最大の代償は、中韓の反発ではなく、昭和天皇が靖国参拝をやめてしまったことです。元宮内庁長官の残したメモにより、昭和天皇が合祀に強い不快感を示し、「だから私はあれ以来参拝していない。それが私の心だ」と述べていたことが明らかになっています。いまの天皇も、即位以来いちども参拝していません。A級戦犯を合祀したことで、靖国神社は本来の祭司である天皇を迎えることができなくなってしまいました。しかし天皇に参拝を強要することも、靖国神社にA級戦犯を分祀させることもできないため、保守派のひとたちはこの問題を見て見ぬふりをして、首相を参拝させることで満足しているのです。

いまにして思えば、靖国神社から宗教性を排して国の慰霊施設にする道もあったかもしれません。これなら天皇や首相が参拝(慰霊)してもどこからも文句はいわれず、不愉快な国際問題に悩まされることもなかったでしょう。そしてなによりも皇国のために死んでいった英霊は、祭司のいない神社に祀られることではなく天皇による鎮魂をこそ望んでいるのです。

しかし、いまさら時計の針を元に戻すことはできません。この歴史のねじれは今後も解決できず、靖国問題はこのままずっと続くしかないのでしょう。

いつまでも続く〝居心地の悪い夏〟

8月の風物詩といえばお盆に夏祭りと決まっていたのですが、いまや靖国問題と歴史認識がそれに取って代わろうとしています。これはもちろん、中国や韓国からの強い批判があるからですが、「戦争責任」が問われる理由はそれだけではありません。戦後70年経ち世代がほぼ交代しても、敗戦と占領は戦後日本のアイデンティティの核心にあるのです。

1945年9月11日、東京・世田谷の住宅地に一発の銃声が響きました。そこは太平洋戦争開戦時の内閣総理大臣・東条英機の自宅で、東条は占領軍が逮捕に来たことを知って、左胸にピストルを当てて引金を引いたのです。

米兵が踏み込んだとき、応接間の椅子で倒れていた東条にまだ息はありました。銃弾は胸を撃ち抜いていましたが、急所は外れていたのです。

東条は、「生きて虜囚《りょしゅう》の辱《はずかしめ》を受けず、死して罪過《ざいか》の汚名を残すこと勿《なか》れ」という「戦陣訓」を示達した当人で、その〝軍人の鑑《かがみ》〟が自決に失敗して敵の囚人となったことに日本じゅうが愕然としました。戦後日本は、この〝究極のモラルハザード〟から出発したのです。

勝てるはずのないアメリカと戦争したあげく、広島と長崎に原爆を落とされ、東京などの都市はすべて焼け野原になり、兵士・一般市民を含め300万人が犠牲となる無残な敗戦を喫したばかりか、掌を返したように「民主主義」を賛美する政治家や官僚、権力者への国民の反応は、怒りというより冷笑にちかいものでした。このとき日本は、国家の信任を完全に失ったのです。

その後の日本の政治は、米国の核の傘の下、国民に経済成長の果実をばらまきながら、戦争責任の問題を棚上げするという低姿勢で現実的なものでした。戦争体験者が有権者の過半を占めるなかで戦前のような権威を振りかざせば、国民から総すかんを食うことは明らかだったからです。

その後時代は移り変わり、〝奇跡〟と呼ばれた経済成長も終わりました。いまでは政府の役割は、年金や医療保険制度などの負の遺産を国民に分配することです。戦後賠償によってつながっていた近隣諸国との関係も、アジアの成長と賠償の終了によって大きく変わり、中国や韓国は日本に対し対等の立場で謝罪と反省を求めるようになりました。それに呼応するように、グロテスクなヘイトスピーチを叫ぶ集団が日本各地に現われるようになったのです。

国家としてのアイデンティティを取り戻すもっとも安直な方法は、大東亜戦争を〝民族自決の聖戦〟として再定義することですが、これでは国際社会で生きていけません。かといって戦前を全否定するだけでは、中韓からの批判にただ頭《こうべ》を垂れて押し黙ることしかできません。

このようにして私たちは、ふたたび1945年の暑い夏の日に引き戻されることになりました。どれほど目を背けても、「戦争責任」は戦後日本の歴史に亡霊のようにまとわりついてくるのです。

仮に憲法を改正したとしても、国家の威信を取り戻すことはできません。〝居心地の悪い夏〟は、来年も、その次の年も、これからずっと続くことになるでしょう。

天に向かってつばを吐けば、自分の顔に戻ってくる

福島第一原発の汚染水流出問題を受け、2013年9月、韓国政府は福島など8県の水産物の輸入全面禁止に踏み切りました。これに対して日本政府は、「出荷される水産物はいずれも基準値を下回っており安全規制には科学的根拠がない」として、同年10月にスイスのジュネーブで開催されたWTO（世界貿易機関）で懸念を表明し、韓国側に撤廃を求めました。

これについては日本側の主張が正しいのは明らかです。韓国のひとびとが日本の水産物の安全に不安を感じているのなら、韓国政府は日本の管理体制を検証したうえで、問題があるのなら改善を申し入れ、そうでなければ食の安全を国民に説明すべきです。とはいえこの問題で、日本政府がこうした正論を振りかざすのには違和感があります。

2003年に米国でBSE（牛海綿状脳症）感染牛が見つかると日本は輸入禁止措置をとり、日米両国の協議を経て05年から生後20カ月齢以下の若齢牛に限定して輸入が再

開されました。しかしこの規制は、その後米国から「科学的根拠がない」としてずっと批判され続けます。

１９８０年代から90年代にかけて英国で発見されたＢＳＥは、飼料の肉骨粉《にくこっぷん》が感染源であると特定され、感染牛からつくられた肉骨粉を厳しく規制することで、現在では発生がほぼ止まっています。これを受けてＯＩＥ（国際獣疫事務局）などの専門組織は、特定危険部位を除去すればＢＳＥのリスクは管理できるとして月齢にかかわらず月齢条件を撤廃しました。こうしたことから疫学の専門家の間では、「20カ月齢という日本の安全規制は無意味」というのは常識でした。

非科学的な海外産牛肉の輸入規制と同時に、日本では01年から食用牛の月齢を問わない全頭検査が行なわれてきました。しかしこれも、ＢＳＥの原因である異常プリオンが脳などの特定部位に集まるのは高齢牛だけで、若齢牛の脳を調べても感染牛を発見することはできず、「全頭検査は税金のムダ」というのが世界の常識でした。先進国でこんなことをやっているのは日本だけにもかかわらず、２００億円もの税金が投じられた全頭検査が全国で廃止されたのはようやく２０１３年6月でした。

過度な輸入規制も全頭検査も、政治家や役人は「消費者の不安にこたえるため」と説明してきました。科学的な根拠の有無に関係なく、消費者が心配なら国が規制するのは当然、というのです。

海外産牛肉の輸入規制は2012年末に慌ただしく緩和されましたが、これは原発事故で日本の農水産物が世界各地で風評被害を被ったからでしょう。一方で「科学的根拠などどうでもいい」といいながら、もう一方で放射能の科学的な安全基準を説くわけにはいかないからです。

BSE問題で日本政府は、消費者に正しい説明をする責任を放棄し、10年以上にわたって非科学的な規制を続けてきました。天に向かってつばを吐けば、それは自分の顔に戻ってくるのです。

埼玉スタジアムではなぜ人種差別の権利がないのか?

サッカーJ1の人気クラブ浦和レッズは、一部のサポーターが「JAPANESE ONLY」という横断幕をスタジアム内に掲げたことでJリーグから無観客試合の制裁を受け、クラブ側は当該サポーターを無期限入場禁止にすると同時に、ホーム、アウェーを問わず、すべての横断幕やゲートフラッグの掲出を禁止しました。

サッカーの本場であるヨーロッパではアフリカ出身の選手に対する人種差別的行為が後を絶たず、FIFA（国際サッカー連盟）は傘下のクラブに人種差別撲滅のための断固たる行動を求めています。今回の処分はクラブにとってきわめて厳しいものですが、浦和レッズのサポーターグループ11団体が「当事者としての責任を認識」して自主的に解散するなど、処分への批判や反発の声はほとんど聞こえてきません。Jリーグには家族連れの観客も多く、子どもに不快な横断幕を見せたいひとはいないでしょうから、これはファンやサポーターの良識でしょう。

その一方で、東京・新大久保や大阪・鶴橋のコリアンタウンでは「死ね」「殺せ」などと連呼するヘイトスピーチが止《や》まず、「支那・朝鮮抜きの大東亜共栄圏」を目指す団体はナチスドイツのハーケンクロイツ（カギ十字）を掲げたデモを行なっています。ゲルマン民族の人種的優越を理由に、ナチスドイツは600万人ものユダヤ人を強制収容所などで殺戮《さつりく》しましたから、その旗を公然と掲げるのは人種差別行為そのものです。

埼玉スタジアムでは「ジャパニーズ・オンリー」という横断幕だけでクラブもサポーターも厳しい制裁を受けました。それに対して新大久保や鶴橋でははるかに露骨な人種差別行為が容認されているばかりか、彼らはメディアに対しても堂々と自分たちの正当性を主張しています。

なぜこのようなダブルスタンダードが起きるのでしょうか。

それは、浦和レッズが興行主となる埼玉スタジアムは私的空間で、新大久保や鶴橋は公共空間だからです。私的空間には所有者（管理者）がおり、利用者は一定の規則に従わなければなりません。一方、公共空間は日本国憲法によって結社と言論・表現の自由が保障されているので、どのような政治的主張も認められるのです。

私的空間では、その所有者は自分（たち）の利益を最大化しようとしています。ほとんどのひとは、こうした利己的な場所よりも「公共」のほうが素晴らしいと問答無用に決めつけますが、これは本当でしょうか。

もちろんここで、言論・表現の自由を制限すべきだ、といいたいわけではありません。自由を原理主義的に擁護するリバタリアニズムでは、「公共」の名の下に国家が私的空間に介入するからこそ、こうした問題が起こるのだと考えます。その解決方法は簡単で、すべての公共空間を民営化してしまえばいいのです。

株式会社新大久保や鶴橋株式会社であれば、浦和レッズが埼玉スタジアムを管理するのと同様に、ヘイトスピーチや人種差別を合法的に排除できます。これは言論の抑圧ではなく私的所有権の行使で、政治的主張をしたいひとはそれ以外の場所で自由に活動することが許されています。

たったこれだけで、憲法を遵守しつつ不愉快なヘイトスピーチをなくすことができます——残念なことに実現可能性はないでしょうが。

人類史上、日本人だけがなしとげたスゴいこと

書店に行くと、「世界のなかで日本はスゴい」という本が並んでいます。これは中国や韓国から、「戦争中に日本はこんなにヒドいことをした」と反省を迫られていることの反動でしょうし、かつてはほんとうにスゴかった日本経済がすっかり凋落《ちょうらく》してしまったことで、自信を失ったことの裏返しでもあるのでしょう。

しかしこれらの本は、不思議なことに、人類の歴史のなかで日本だけがなしとげたほんとうにスゴいことに触れていません。

1575年の長篠の合戦で、織田信長の鉄砲隊が武田勝頼の騎馬隊を殲滅《せんめつ》したことは日本史の教科書にも出てきます。このとき信長は1万の鉄砲隊を率い、そのうちよりぬきの3000人を3分隊に分けて川岸に配置し、川の手前で勢いの鈍る武田軍の騎馬隊に10000発の銃弾を連続して浴びせたのです。

ところが私たちのよく知る時代劇では、江戸時代の侍は腰に刀を差していて、銃器の類はいっさい持っていません。これが明治維新まで続いたことで、日本がかつて鉄砲大国だったことはすっかり忘れられてしまいました。

1543年、種子島《たねがしま》に漂着したポルトガル人の火縄銃と弾薬を領主が購入し、日本に鉄砲が伝来します。それから1年も経たないうちに種子島の刀鍛冶《かたなかじ》は鉄砲の自作に成功し、10年もすると日本じゅうの鍛冶が種子島銃を大量に製造するようになりました。当時は戦国時代の真っ只中《まっただなか》で、新式の武器はつくればいくらでも売れたからですが、その背景には日本が鉄の産地だったことと、日本刀や鎧《よろい》の製作できわめて高い冶金《やきん》技術を持っていたことがあります。

すくなくとも陸戦においては、16世紀の日本はヨーロッパを圧倒する最強の軍事国家でした。長篠の合戦から12年後、フランスでナバラ王アンリ（アンリ4世）が銃火器を使って〝歴史的〟な勝利を収めますが、そのときの鉄砲隊の人数はわずか300人だったのです。

ところが豊臣秀吉の死で朝鮮出兵が終わると、徳川幕府は鎖国と同時に鉄砲の製造を事実上禁止してしまいます。天下を平定した後では過剰な武器は不要だったからですが、鉄砲が忌避されたほんとうの理由は、武士を頂点とする身分制を崩壊させかねなかったからでしょう。

当時の武士は、合戦で名乗りをあげ、1対1で真剣勝負をすることに自らと家門の名誉を賭けていました。しかし鉄砲があれば、町民や農民でも後ろから武士を撃ち殺すことができます。鉄砲を捨てることは、〝武士道〟を守るための絶対条件だったのです。

戦国時代の日本は、ヨーロッパの強国を一蹴できるだけの強大な軍事力を有していました。それを伝統社会に戻したことが、冷戦時代に欧米の研究者の注目を集めました。日本人が鉄砲を放棄できたなら、アメリカやソ連も核兵器を放棄できるかもしれないからです。

歴史は一直線に進むわけではなく、文明の利器を捨て去った民族はたくさんあります。しかし日本ほど大規模にそれを行ない、ガラパゴス化した例は類を見ません。

ペリーの軍艦が寄港を求めたとき、江戸幕府にはそれを追い返すちからはありませんでした。幕府軍は、砲台を描いた巨大な布を海岸に掲げて軍艦を威《い》嚇《かく》していたのです。

参考文献：ノエル・ペリン『鉄砲を捨てた日本人』中公文庫

隣国同士で悪口をぶつけ合うだけの平和な日本は素晴らしい

ヨルダンからレバノンの首都ベイルートに向かう前日、ホテルの部屋で荷物をまとめていると、テレビのニュースに爆発で崩れかけたビルが映し出されました。２０１３年12月27日に起きた爆弾テロで、反シリア派のレバノン元財務相を含む5人が死亡、70人以上が負傷しました。現場はベイルートの中心部、これからまさに行こうとしている場所です。

ベイルートでは同年5月に南郊外の住宅地にロケット弾2発が撃ち込まれ、7月に駐車場の車が爆発して50人以上が負傷し、8月にはやはり車爆弾で14人が死亡、212人が負傷しました。さらに11月にはイラン大使館前の路上で連続爆弾テロが起き、大使館職員を含む23人が死亡、140人以上が負傷しています。

ただし一連のテロは、これまでベイルート南郊外で起きていました。それが今回は行政機関が集中し観光地としても知られる中心部——東京でいえば銀座や丸の内——が標的になったのです。

私はただの旅行者で危険な場所に行く気はなかったのですが、いまさら旅程を変えるわけにもいかず恐る恐るベイルート空港に降り立ちました。しかし到着ロビーに出ると、警官の姿があるわけでもなく、目につくのはタクシーの客引きばかりです。そのなかの一人と料金交渉がまとまると、彼は満面の笑みでいいました。

「ウエルカム・ベイルート!」

イスラエルとシリアに挟まれたレバノンはずっと苦難の歴史を歩んできましたが、近年のテロはシリア内戦をめぐるスンニ派とシーア派の対立が原因です。シリアのアサド政権はシーア派系統で、イランと(シーア派の)武装組織ヒズボッラーの支援を受けています。それに対して反アサド側はスンニ派で、サウジアラビアなど湾岸諸国が武器を提供しています。ベイルートの南郊外はヒズボッラーの拠点でイラン大使館もあるため、スンニ派とシーア派の代理戦争の舞台になってしまったのです。

その日の夕方、事故現場に近いダウンタウンに行くと、翌日の葬儀が執り行なわれるイスラム寺院のまわりは軍や警察が厳重に警護していました。兵士たちは自動小銃を持ち、戦車や装甲車まで出てまるで戦争のようです。

ところがそこから徒歩5分ほどの商業地区では雰囲気が一変します。

パリの街角のようなカフェで、シャネルやグッチなどのブランドものを身にまとった金髪碧眼《へきがん》の女性たちがワイングラスを片手に談笑し、イタリア製のスーツを着込んだ男性と腕を組んで高級車に乗り込んでいきます。ベイルートは近年、大規模な再開発ブームに沸いていて、海外で成功したレバノン人の投資により「中東のパリ」と呼ばれたかつての街並みが復活しているのです。

レバノンの人口の4割を占めるキリスト教徒は英語とフランス語を流暢《りゅうちょう》に話し、イスラム教徒同士の殺し合いにはなんの興味も示しません。レバノンの運命は大国に握られていて、自分たちがなにをやっても無駄です。だったらテロなどなかったことにして、毎日を楽しく過ごしたほうがいいに決まっているのです。

そんな彼らの姿を見ながら、隣国同士で悪口をぶつけ合うだけの平和な日本がどれだけ素晴らしいか、あらためて思い知ったのでした。

3 「日本を取り戻す」政策

「人間力」はうさんくさい

政府の教育再生実行会議が、知識偏重の大学入試をやめて「人間力」で生徒を選ぶべきだと提言しています。面接や論文、高校の推薦書、部活動やボランティアの活動歴などから21世紀の日本を担う〝グローバル人材〟を選抜し、育てていくのだそうです。

ところで「人間力」とはいったい何でしょう？　これは下村博文《はくぶん》文部科学大臣が簡潔に説明しています。

「まずリーダーシップ力。多様な価値観や人をまとめ上げて、一つの方向に持っていく。二つめは、企画力や創造力などクリエーティブな能力。そして人間的な感性や優しさ、思いやり」（2013年11月22日付『朝日新聞』朝刊）

素晴らしい提言のようですが、こういう耳触りのいい話は疑ってかかったほうが間違いありません。

　そもそも、試験官が生徒の「人間力」を主観的に判断して合否を決めるのは最悪の選抜方法です。これでは不合格の烙印《らくいん》が、学力ではなく全人格を否定された証拠になってしまいます。学科試験の成績がよかったのに落とされた生徒は、深く傷つき社会を恨むようになるでしょう。

　それに対して点数での判定は、試験に落ちても「ヤマが外れた」「体調が悪かった」などいくらでも逃げ道が用意されています。あれこれ文句をいいながらもみんなが受け入れてきたのは、これがもっとも公平な選抜方法で人格を傷つけることがないからです。
日本の大学のいちばんの問題は教師や学生の流動性がきわめて低いことで、これは日本社会の特徴でもあります。偏差値の高い大学に入っても授業についていけない学生もいれば、「三流」と呼ばれる大学にも優秀な学生はいるでしょう。だったら、できの悪い学生は転学・転部させ、優秀な学生を転入させる仕組みがあればいいだけです。

　それに加えて「世界」を目指す大学は、優れた教師をスカウトして無能な教師をリストラし、留学生にも広く門戸を開放して授業はすべて英語で行なうようにすべきです。そうすれば一流の教師の下に優秀な学生が集まるようになり、グローバルな大学ランキングでも順位は大きく上がるでしょう。

　しかしこの話には、もっと本質的な問題が隠されています。

教育についての議論には、つねに過剰なまでの思い入れが込められています。今回の提言も「教育を変えれば日本が変わる」ことが前提になっていますが、学校教育にそれほど大きなちからがあるのでしょうか。

もちろん、子どもの行動は置かれた環境に大きく左右されます。だから子育てや教育が大事だといわれるのですが、じつはこれは子どもの人格形成にはほとんど関係ありません。なぜなら子どもたちは、大人の介入を徹底的に排除しようとしているからです。親や教師がどれほど説教しても馬耳東風な子どもたちは、友だち同士の評判にはものすごく敏感です。子ども集団のなかで目立つキャラをつくることが、彼らの関心のすべてだからです。

いまの大人も、子ども時代は「大人はウザい」と思ってきたはずです。しかし年をとってエラくなると、そんなことはすっかり忘れて、自分たちが好きなように子どもの人格を操れると考えるようになるようです。

どこかいかがわしい「3年間抱っこし放題」

安倍首相は、アベノミクスの第三の矢である「成長戦略」の中核に女性の活躍を挙げ、企業に対して「3年間抱っこし放題」を実現する育児休業の拡充を要請しています。しかしこの方針は、ほんとうに働く女性のためになるのでしょうか。

長期の育児休暇が当たり前になると、会社は「3年間抱っこし放題」してきた女性社員をどこに所属させるか頭を悩ませることになるでしょう。かつての部署のメンバーは大半が異動し、仕事そのものも変わっているかもしれません。これでは中途社員を受け入れるのと同じです。

当の女性社員にしても、3年のブランクは不安のほうが大きいでしょう。同僚はその間もずっと研鑽《けんさん》を続けてきたのですからいきなり同じ仕事ができるわけもなく、もしかしたら後輩にすら追い抜かれているかもしれません。

長期の失業が深刻な社会問題になるのは、働かない期間が長くなればなるほど社会復帰が困難になり、生活保護に頼らざるを得なくなるからです。「3年育休」は自ら望んで長期の失業状態になることですから、変化の速い市場で不利に働くのは当然です。

欧米では企業が託児所を併設するなどして、出産後半年程度で職場に戻るのが主流になってきています。これなら出産前と同じ仲間と同じ仕事を継続できますから、社会復帰はずっとスムーズです。

ところが日本では、「生まれてから3年間は母親が子どもの世話をすべきだ」という子育て論が女性の社会復帰の大きな障害になっています。

核家族というのは、人類史的にはきわめて特殊な家族形態です。日本でも戦前までは大家族での共働きが当たり前で、「3年間抱っこし放題」の家庭などほとんどありませんでした。

ヒトは長い進化の過程のなかで形成されたOS（遺伝的プログラム）に従って成長します。遺伝子の変化はきわめてゆっくりしているので、ヒトの基本OSはいまも旧石器時代とほとんど変わりません。こうした近年の科学的知見が正しいとするならば、赤ちゃんは旧石器時代と同じ環境でもっともすこやかに成長できるようプログラムされているはずです。

旧石器時代の育児環境というのはどのようなものだったのでしょうか。

これには諸説ありますが、狩猟採集で食糧を確保するのに精一杯で、親が子どもの世話をじゅうぶんにできなかったことは間違いないでしょう。そのかわり小さな子どもは、部族のなかの年長の子どもたちが世話をしていました。女の子が人形遊びを好んだり、赤ん坊が見知らぬ大人を恐れ、年上の子どもについていこうとするのはその名残だと考えられています。

もちろん、旧石器時代と同じ育児環境を現代に再現することは不可能です。しかしそれでも、よく似た環境のなかで子どもを育てることはできるはずです。それも、とても簡単に。

保育園では、さまざまな年齢の子どもが集まって集団生活しています。赤ん坊は、そうした子ども集団にごく自然に馴染むようプログラムされています。閉鎖的な家庭のなかで、母親と一対一で育つようにはできていないのです。

そう考えれば、耳触りのいい「3年間抱っこし放題」が幸福な家庭を約束するものでないことがわかるでしょう。

政治はいつもポピュリズム

2006年に成立した改正貸金業法の論点は多岐にわたりますが、その趣旨は明快で、「高利貸しが多重債務者問題を引き起こし、それが年間3万人を超える自殺者を生んでいる。だったら上限金利を引き下げて高利の貸付けを違法にするとともに、利用者が収入に対して分不相応な借金をしないよう規制すればいい」というものでした。しかしこの政策にはさまざまな問題があります。

まず事実として、イギリスには金利の上限規制がありません。当事者同士が納得しているのであれば、公序良俗に反しないかぎりどのような契約も自由であるべきだと考えられているからです。イギリスで上限金利導入の議論が起きたときに、「資金を必要としているひとが借りられなくなる」と真っ先に反対したのは消費者団体でした。

もちろんアメリカをはじめ先進国の多くは上限金利を定めていますから、イギリスの政策が絶対に正しいというわけではありません。この〝社会実験〟で明らかなのは、上限金利と自殺は関係ない（イギリスの自殺率は日本の4分の1）ということです。

上限金利の引き下げ（グレーゾーン金利の廃止）よりも問題なのは「総量規制」です。「1社で50万円、または他社と合わせて100万円を超える貸付けを行なう場合には、年収の3分の1を超える貸付けを原則として禁止する」というものですが、すくなくとも先進国でこのような規制を行なっている国はひとつもありません。

こうした「日本オリジナル」の政策が生まれた背景には、違法なヤミ金も正規の消費者金融もいっしょくたにして、「高利貸しという存在自体が社会悪だ」と決めつける『ベニスの商人』的な偏見があります。

貸金業法の改正を推進したのは〝人権派〟の国会議員と弁護士でした。彼らの論理は、高利貸しという悪に制裁を加え、国民に節度のある借金をさせれば多重債務者問題は解決するというものでした。たしかに法改正（と最高裁判決）によって、この世の春を謳《おう》歌《か》していた大手消費者金融は経営破綻するか、銀行に吸収されて消滅しました。しかしその一方で自殺者は一向に減らず、経済格差や貧困の問題はより悪化しています。

これは、考えるまでもなく当たり前の話です。

家計が苦しくなるひとが増えたから、彼らの資金需要にこたえる金融業者が登場したのであって、金融業者をスケープゴートにしても貧困という根本的な問題が解決するわけはないのです。

イギリスでは、総量規制はもちろん上限金利すらなくても社会は健全に運営されています。それに対して日本では、いくらまでなら借金していいのかを国家が国民に指導しています。改正貸金業法は、「日本人は金銭の自己管理すらできない愚かな民族だ」と世界に向けて公言しているのです。

総量規制を含む改正貸金業法は、勧善懲悪を好むマスメディアの大きな支持を受けて成立しました。この国では多くの愛国者が〝自虐史観〟を批判しますが、ポピュリズムから生まれた〝自虐政策〟に反対するひとはなぜかほとんどいないのです。

後記：アベノミクスによって2014年1月の完全失業率（季節調整値）は3・7％まで下がり、2013年の年間自殺者数も2万7000人まで減りました。このことは自殺の原因が〝高利貸し〟ではなく、不況と失業の増加だということをよく示しています。

参考文献：増原義剛『「弱者」はなぜ救われないのか　貸金業法改正に見る政治の失敗』きんざい

マリファナも売春も合法化が進んでいる

アムステルダムに泊まったとき、部屋に置いてあった観光客向けのガイドブックに仰天したことがあります。そこは一流ホテルだったにもかかわらず、ガイドブックには「買春の仕方」や「マリファナの買い方」が載っていたからです。

よく知られているように、オランダでは売春とマリファナが合法化されています。マリファナはコーヒーショップと呼ばれる専門店で購入でき、ヨーロッパじゅうから度胸試しの若者たちが集まってきます。とはいえマリファナの栽培や製造・販売がすべて合法化されているわけではなく、治安の悪化を懸念する声もあって試行錯誤が続いているようです（アメリカでは半分以上の州で医療用大麻が合法化されており、コロラド州、カリフォルニア州など嗜好品《しこう》を合法とする州も増えています。南米のウルグアイは2013年12月、マリファナの生産・流通・販売をすべて合法化する世界初の国になりました）。

それに対して売春は世界的に合法化されつつあり、ドイツ、オランダ、デンマーク、ベルギー、スイス、オーストリアなどでは売春斡旋《あっせん》業（置屋）も認可制です。売春合法化は女性の人権団体からも支持されています。国家が売春を犯罪化すると、反社会的集団にビジネスの余地が生まれ、売春婦（セックスワーカー）の労働環境が劣悪なものになってしまうからです。

売春合法化の流れは、1990年代のエイズの蔓延《まんえん》で決定的なものになりました。禁止しようがしまいがセックスを金銭でやり取りするひとはいるわけですから、それなら認可制にして衛生管理やコンドームの使用を義務づけたほうが、当事者だけでなく社会全体の利益もずっと大きくなるのです。

もっとも売春をどこまで認めるかは国ごとに異なります。オランダでは赤線地帯に「飾り窓」と呼ばれる売春宿が並んでおり、顧客と直接、料金交渉をするシステムです（アムステルダムの飾り窓は観光客でものすごい賑《にぎ》わいです）。デンマークではサロンやマッサージ店で売春が行なわれ、オーストリアでは街娼《がいしょう》にも営業免許が交付されます（売春を目的とした移民には「売春ビザ」が発行されます）。

スイスのチューリッヒでは街娼への苦情が増えたため、2013年夏から「売春ドライブイン」の実験が始まりました。道路脇の空き地を柵で囲んでセックスボックスを並べ、警備員を常駐させて車に乗っているのが一人かどうかを確認するほか、売春婦が危険を感じたら警報ボタンで知らせることもできます。施設には医師や社会福祉士も常駐するといいます。

なかなかよく考えられた仕組みのように思えますが、当の売春婦は売上げの減少を恐れて利用を躊躇《ちゅうちょ》しているとのことで、みんなを納得させる売春制度というのはなかなか難しいようです。しかし世論調査でも、「売春は本人の自由で禁止はできない」と考えるひとが圧倒的で、政府や自治体も過度な規制をするつもりはないと述べています。日本では大麻所持は覚醒剤と同様の犯罪で、売春も建前上は違法とされています。日本人はこれをまるで普遍的なルールのように思っていますが、暴力団の下で働かされている売春婦や、大麻でしか鎮痛作用を得られない患者の存在は無視されたままです。世界の流れについていけずにガラパゴス化するのは、携帯電話だけではないようです。

4 ニッポンはどこにいくのか？

地方の支店長が社長に命令する組織

新党「日本維新の会」を立ち上げた橋下《はしもと》徹《とおる》大阪市長（当時）のいちばんの魅力は、日本の社会に蔓延する前近代的な統治構造を徹底的に批判し、改革したことでしょう。

近代的な統治（ガバナンス）というのは、組織のなかで、責任と権限が一対一で対応していることです。ところが日本の社会では、責任がないひとが大きな権限を持っている、ということが頻繁に起こります。

年金記録問題などで廃止された社会保険庁では、年金データのオンライン化にあたって、労働組合が社会保険庁長官と「覚書」を交わし、勤務内容を細かく指示するばかりか、人事や指揮命令権までが交渉の対象とされていました。このような奇妙な慣行が続いていたのは、社保庁が厚生労働省の外局で、長官が厚労省のキャリア官僚の上がりポストになっており、現場がひと握りの幹部と労組の「談合」によって波風が立たないよう運営されてきたからです。

こうした不祥事は中央官庁だけでなく、全国どの自治体でも見られるものです。とりわけ大阪府や大阪市は、さまざまな歴史的経緯から、労働組合が行政に大きな権限を持っていました。職員へのヤミ給与、カラ残業、ヤミ年金が常態化し、長期勤続や結婚記念日、子どもの誕生記念などのたびに旅行券、図書券、観劇・スポーツ観戦券、祝い金・弔慰金が贈られ、そのうえ職員互助組合は交付金で豪華な福利厚生施設を建設していたのです。

弁護士から自治体の首長になった橋下氏は、地方議員と自治体幹部、労働組合が癒着する前近代的な行政組織の実態を白日の下に晒し、市民の怒りを武器に統治構造の改革を迫るという手法で大きな成功を収めました。日本維新の会の理念は「維新八策」に掲げられていますが、そこでも改革の目標は、首相公選制や参議院廃止、道州制（地方分権型国家）など日本国の統治構造です。大阪で実現した改革を国にまで広げていこうとする戦略は明快です。

しかし、国政進出に乗り出した日本維新の会にはひとつ大きな欠陥があります。

国政政党の目的は、選挙で過半数の支持を獲得し、党首を首相にして内閣を組織し、中央省庁を統治して国を動かすことです。ところが党首である橋下市長は自治体の首長のままで、国政選挙に出るつもりはないといいます。

日本国憲法では、内閣総理大臣になれるのは国会議員だけです。維新の会がもし次の衆院選で勝つようなことがあれば、党首である橋下大阪市長よりも格下の党員が日本国の首相になってしまいます。かといって政権奪取を目指さないのなら、国政政党としての自己否定でしょう。

橋下市長は、日本の行政を批判してしばしば「そんなの民間ではあり得ない」といいます。しかしどんな民間企業でも、一地方の支店長が社長に命令することはあり得ません。「日本維新の会」は、国政政党としての統治が崩壊しているのです。

自分の政党の統治すらできない人物に国家の統治などできるはずがない――こうした批判を封じるには、橋下市長自らが党首として国政選挙に出馬し、首相を目指すほかはないでしょう。

後記：本稿の初出は日本維新の会と太陽の党の合流前の2012年12月です。当時、橋下市長から直接、「維新の会がつくろうとしている新しい統治のかたちがわかっていない」とのTweetをいただきました。それからずっと「新しい統治」がどんなものなのかを楽しみにしていたのですが、それが示されないまま、維新の会は共同代表だった石原慎太郎氏と袂《たもと》を分かち、結いの党と合流することになりました。

そしてみんなネオリベになった

2012年は民主党から自民党への政権交代で幕を閉じ、安倍政権への期待から株価は大きく上げて新しい年が始まりました。

この衆議院選挙の際立った特徴は、投票率が59・32%と戦後最低を更新する低さだったことです。第一党となった自民党の比例での得票率は27・62%ですから、「投票しない」という意思表示をしたひとはその1・5倍もいたことになります。

経済学では、人間が完全に合理的であれば選挙などに行くわけがない、と考えます。国政選挙では自分の1票が候補者の当落に与える影響力はほとんどゼロですから、貴重な休日にわざわざ投票所まで出かけていく費用対効果もゼロで、投票率は業界団体や宗教団体など、投票の動機が明快なひとの数で決まることになります。

実際には投票率はこのシニカルな仮説をはるかに超えていて、「ひとは常に経済合理的に行動するわけではない」という行動経済学の知見の正しさを証明しています。その一方で、6割を切る投票率の背後には有権者のなんらかの意思があるはずです。

民主党は、「政権交代すれば日本は変わる」と約束しましたが、けっきょくなにも変わらず消費税率引き上げを決めただけでした。自民党は「失われた日本を取り戻す」と約束していますが、そもそも無意味な公共投資で巨額の財政赤字をつくったのは自民党政権なのですから、元に戻したところで早晩行き詰まるのは目に見えています。

もっともこれは、日本だけの現象ではありません。オバマ大統領が再選を決めた2012年11月のアメリカ大統領選でも、保守から社民への政権交代が起きた5月のフランス大統領選でも、有権者の態度は冷めたままでした。世界じゅうでひとびとが政治に興味を失いつつあるのは、世界金融危機以降、誰を選んでも政策の選択肢がほとんど変わらないことがわかってしまったからでしょう。ウォール街を占拠してみても、なんの意味もなかったのです。

グローバル化というのは、たんにモノやサービスの値段が収斂《しゅうれん》するだけではなく、社会の仕組みが共通化していくことでもあります。法律や税制・雇用制度などのビジネスインフラが同じなら、欧米や日本ばかりでなく、中国やインドなどの新興国でも、多国籍企業は最適な人材で組織をつくり、最適な生産を行なうことができます。こうした共通のプラットフォームの上で、人種や国籍、性別や年齢にかかわらず、すべてのひとが平等な条件で多様性を競うのがグローバル社会のルールです。

ヨーロッパの混乱の本質は、財政赤字に喘《あえ》ぐ南の国々が「勝ち組」の北から社会（ライフスタイル）の変革を迫られていることです。アメリカの混迷は、グローバル化にともなう格差の拡大が人種問題と結びつくためでしょう。

グローバル化に最適化した社会システムは、日本では「ネオリベ」と呼ばれています。第三極をはじめとして、政治家の多くがネオリベ的な主張をするのは、日本が右傾化したからではなく、それ以外の現実的な選択肢がもはや残されていないからです。

選挙に行かなかった4割のひとたちは、私たちの未来がすでに決まっていることに気づいていたのかもしれません。

リベラルが〝保守反動〟になった理由

2013年の参議院選挙後、社民党の福島瑞穂《みずほ》氏は、反原発の旗を掲げて参議院議員となった元俳優の山本太郎氏と会談し、「リベラル勢力結集の要となりたい」と述べました。このとき社民党の所属議員は衆議院で2名、参議院で3名で、山本氏が「結集」してもそれが6名になるだけです。それに対して議員定数は、衆院が480名、参院が242名です。

この会談のあとに福島氏は選挙の責任をとって党首を辞任しましたが、目標と現実のすさまじいギャップを考えれば10年間よく重責に耐えたともいえます。

ところで、リベラル勢力はなぜ日本の政治からいなくなってしまったのでしょうか。

リベラルはリベラリズム（自由主義）の略で、その根底にあるのは自由や平等、人権などの近代的な価値に基づいてよりよい社会をつくっていこうとする理想主義です。

リベラルが退潮したいちばんの理由は、その思想が陳腐化したからではなく、理想の多くが実現してしまったからです。「いまの日本には真の自由や平等はない」というひともいるでしょうが、リベラリズムが成立したのは、権力者に不都合なことを書けば投獄や処刑され、黒人が奴隷として使役され、女性には選挙権も結婚相手を選ぶ自由もなかった時代なのです。

リベラルが夢見た社会が実現するにつれて、理想の弊害が目立つようになってきます。こうして、過度な自由や平等、人権の行使が共同体の歴史や文化、紐帯《ちゅうたい》を破壊しているという保守派の批判がちからを増してきます。最近では共同体主義者（コミュニタリアン）と呼ばれる彼らは、近代以前の封建社会に戻せという暴論を唱えているのではなく、リベラリズムの理想を受け入れたうえでその過剰を憂えているのです。

社会がリベラル化するにつれて、「いまのままでじゅうぶんだ」という穏健な保守派がマジョリティになるのは先進国に共通しています。その一方で、少数派に追いやられたリベラルはより過激な理想を唱えるしかなくなります。

とはいえ、「革命」が熱く語られた時代もいまでは遠い過去になってしまいました。〝人類の理想〟を実現したはずの旧ソ連や文化大革命下の中国の実態が明らかになるにつれて、夢は幻滅に変わってしまったのです。

こうした有為転変《ういてんぺん》を経て、日本のリベラルはいま憲法護持、TPP反対、社会保障制度の「改悪」反対、原発反対を唱えています。こうしてみると、原発を除けば、リベラルの主張はほとんどが現状維持だということがわかります。

理想が実現してしまえば、その成果である現在を理想化するしかありません。こうして夢を語れなくなったリベラルが保守反動となり、穏健な保守派が〝ネオリベ的改革〟を求める奇妙な逆転現象が生じたのです。

2013年の参院選では、「リベラル勢力が結集」したのは日本共産党だということがはっきりしました。この政党もいまでは共産主義革命の夢を語ろうとせず、「アメリカいいなりもうやめよう」という不思議な日本語のポスターをあちこちに貼っています。これは新右翼の主張と同じですが、リベラルが反動になったのならなんの不思議もありません。

共産党と右翼団体が瓜二《うりふた》つになっていくことにこそ、「リベラルの現在」が象徴されているのです。

「自分にやさしく相手に厳しい」の失敗

アベノミクスによる株価の大幅な上昇を追い風に、安倍政権が高い支持率を維持して

いま す。それとは対照的に、かつて政権を担った民主党の惨状は目を覆わんばかりです。先日（2013年3月）も、前復興大臣が7月の参議院選挙を見据えて民主党を離党しました。現職の閣僚が次々と落選した総選挙を見て、このままでは再選は困難だと判断したのでしょう。

参議院は任期が6年で解散もないので、いちど落選するとよくても3年、同じ選挙区に改選期の異なる同僚議員がいれば6年の浪人生活を覚悟しなければなりません。人生の残り時間は有限ですから、再選のためになりふり構わなくなるのも当たり前です。

私は政治にはさして関心はないのですが、たまたま知り合いが政治家になったので、2009年夏の政権交代直後の民主党のパーティを覗《のぞ》きにいったことがあります。当時、鳩山政権の支持率は70％を超えていて、事業仕分けが国民的な注目を集めていました。次々と登壇する大物議員も、広い会場を埋める新人議員たちも、「日本を変える」という高揚感に包まれていました。それからまだ3年半しか経っていないことを思えば、まさに隔世の感です。

当時の民主党は、自民党に代わり得る責任政党として〝歴史的な政権交代〟を実現した以上、過去は全否定されなければならないと考えていました。とりわけ彼らの敵対心は高い支持率を誇った小泉政権に向けられ、「官邸主導」も「規制緩和」もネオリベの蔑称のもとに一蹴され、すべてをスクラップして統治構造を一からつくり直す構想が声高に語られました。

ところが具体的な政策や数字を掲げたマニフェストを「国民との契約」としたために身動きがとれなくなり、「ばらまき」や「うそつき」の批判を浴びることになります。とりわけ、「予算を組み換えれば財源はなんぼでも出てくる」といっていたのに、掌を返したように消費税増税に突き進んだことが致命傷になりました。

民主党政権の3年半は、かんたんにいえば、相手を口汚く罵っていた奴が、「だったらお前がやってみろよ」といわれて責任者になったら、けっきょくなにひとつマトモにはできなかった、という話です。人間関係において、これほど信用を失墜させる行動はありません。

複雑な利害の絡む政治の世界では、自分がつねに正しく相手がすべて間違っている、などということはありません。しかし民主党は、勧善懲悪の時代劇のような善悪二元論に立って、自民党時代の改革をすべて反故《ほご》にし、官僚組織を敵に回し、統治の崩壊を引き起こしてしまったのです。

さらにいえば、私たち凡百の人間に「歴史を変える」ことなどできるわけもありません。しかし民主党の議員のなかには、エリート意識とヒーロー願望から自分を坂本龍馬になぞらえるひとが溢れていました。こうした傲慢《ごうまん》さもまた、有権者から忌避されることになった理由でしょう。

もっとも、この失敗は民主党だけのものではありません。世の中には、自分を〝絶対善〟として他人を批判し、全否定することが正義だと思っているひとがいくらでもいるからです。

相手に投げつけた言葉は、いずれ自分に返ってくる。こころしておきたいものです。

私たちが夢見ていた「近代」

もうみんな忘れているかもしれませんが、戦後日本ではずっと自民党の一党支配が続いていて、政権のメンバーは選挙後の党内の派閥抗争で決まりました。1980年代に日本経済が世界を席巻すると、こうした〝特殊〟な日本的システムが不公正な競争力の元凶だと批判されるようになりました。「文化的にも欧米と対等になるには、談合ではなく選挙によって政権交代すべきだ」というのです。

「日本を変えるには派閥政治を終わらせなければならない」というのは、マスコミや政治学者だけでなく、政治家にとっても喫緊の課題でした。派閥の領袖自身が、派閥抗争を制御できなくなっていたからです。

こうして、「新しい日本」をつくるための選挙制度改革が始まりました。小沢一郎氏が主導したこの改革の目的は、アメリカの共和党と民主党、イギリスの保守党と労働党のように、政権交代可能な二大政党制をつくることでした。そのためには派閥ではなく政党が選挙をたたかう小選挙区制しか選択肢はなく、制度設計に携わった高名な政治学者たちは、「これこそ時代が求めていた改革だ」と胸をはりました。

次に必要とされたのは、自民党に対抗できる、政権担当能力のある野党でした。冷戦の終焉《しゅうえん》によって社会党や共産党はその歴史的意義を失い、このままでは有権者に選択の余地がありません。そこで小沢氏が〝豪腕〟で自民党を分割し、社会党と労働組合を取り込んで、新進党や民主党などが人工的につくられました。候補者が情実に訴えるのではなく、政党がマニフェストを掲げて正統性を競う「近代的」な選挙が日本でもようやく始まったのです。

2009年の民主党への政権交代は、1990年代から続く政治改革の頂点ともいえる出来事でした。理念なき自民党に対して、「改革」の理念を掲げた民主党が圧倒的な勝利を収めたからです。

ここまでは政治学の理論どおりでしたが、その後は現実が理論を裏切っていきます。

当初から、日本の政治にはアメリカやイギリスのような歴史的な対立軸がないことが指摘されていました。しかしこれについても、政治学者は楽観的でした。小選挙区制では二大政党以外は生き残れないのだから、何回か政権交代を行なううちに自然と政党間の対立軸が生まれてくるはずだとされたのです。

ところが、野党となった自民党にはいつまでたっても理念らしきものは現われず、人工政党である民主党は党幹部が理念を振り回すことで自壊してしまいました。こうして２０１２年の衆院選では、圧倒的多数を占める与党と、２割程度の議席しか持たない複数の少数野党という、理論的にはあり得ない状況が生まれたのです。

しかしこれは、これまでの政治改革がすべて間違っていた、ということではありません。派閥間の談合政治から脱却し、選挙で政権が決まるようになっただけでも大きな進歩であることは間違いありません。

ただ、私たちがかつて夢見ていたほど「近代」は素晴らしいものではなかった、というだけのことなのです。

私たちは人類史上もっとも幸福な時代に生きている

格差社会やグローバリズム、テロや環境破壊、犯罪の増加や社会の右傾化で、私たちの暮らしはどんどん悪いほうに向かっていると多くのひとが思っています。しかし、それは本当でしょうか？

明治時代の日本人の平均寿命は男性も女性も40歳代で、１９５０年代にようやく60歳を超えました。乳幼児の死亡率が高く、結核やコレラ、ペストなどの感染症への対策が不十分だったためです。跡継ぎを得るために、戦前の日本女性は5人以上の子どもを産むのが当たり前でした。

人類はその長い歴史において、ずっと食糧不足と栄養失調に悩まされていましたが、いまやアメリカでは肥満、すなわち食糧の過剰摂取が大きな社会問題になっています。富める国と貧しい国の格差だと批判されますが、しかしこれではなぜアフリカで人口爆発が起きているかが説明できません。当たり前の話ですが、人口が増えるのは食糧が豊富だからで、食糧がなければ餓死してしまいますから人口は増えません。

1940年代から60年代にかけての「緑の革命」で、品種改良や化学肥料の投入が進んだ結果、人類は歴史上はじめて食糧不足から解放されました。民間シンクタンク「ローマクラブ」は、1972年の報告書「成長の限界」でエネルギーの枯渇と食糧危機を警告しましたが、石油や天然ガスの確認埋蔵量は増え続け、先進国の農業はつくり過ぎに苦しんでどこも減反政策を導入しています。

アフリカの飢饉が頻繁に報じられますが、これは戦争や内乱などの社会的混乱で農作業ができなかったり、物流が滞ったりするためです。政治が安定すれば安価な食糧を入手できるようになり、ふたたび人口が増えはじめます。

20世紀前半は戦争の時代で、第二次世界大戦で日本は広島と長崎に原子爆弾を投下され、民間人を含む300万人が犠牲になりました。世界全体では、ソ連の2000万人、中国の1000万人をはじめ、餓死者を含む戦争の犠牲者の総数は6000万人にのぼります。

戦争が終わっても、米ソの冷戦の激化で、核戦争による人類滅亡がリアルな恐怖としてひとびとを襲いました。日本では1973年に『日本沈没』と『ノストラダムスの大予言』がベストセラーになりますが、高度経済成長真っ只中の、未来への悲観的な雰囲気をよく示しています。

グローバリズムが諸悪の根源のようにいわれますが、経済のグローバル化によって、中国では過去15年で3億人が貧困から抜け出し、2030年までには新興国を中心に新たに20億人が中流階級に加わるといわれています。このようなデータを客観的に眺めれば、世界がよりよくなっていることは間違いありません。

しかし私たちは、無意識のうちに、過去は安定していて未来は不確実だと思ってしまいます。過去がどれほど悲惨でも、終わってしまったことは現在の脅威にならないからです。

私たちは、人類の歴史上、もっとも幸福な時代に生きています。問題は、この単純な事実を認めるのが不都合なひとが多すぎることにあるのです。

参考文献：川島博之『「作りすぎ」が日本の農業をダメにする』日本経済新聞出版社

Part2

ECONOMY

経済

5 ブラックな国

日本的雇用からブラック企業が生まれた

２００８年12月末、東京・日比谷公園の一角に突如、巨大なテント村が姿を現わしました。

世界金融危機に端を発した景気後退で製造業を中心に多くの派遣社員が職を失い、社員寮からも追い出されてしまいました。彼らが路上で年を越すのは政府の責任だとして、ＮＰＯ法人が厚生労働省の目の前に「年越し派遣村」を開設したのです。

これをきっかけに、マスメディアは派遣社員の過酷な労働環境を連日のように報道し、経済格差が大きな社会問題になっていきます。そこでの論調は、「派遣社員はかわいそうだから正社員にするべきだ」というものばかりでした。こうして、年功序列、終身雇用を理想とする〝正社員神話〟が蔓延していきます。

解雇がきびしく制限されている日本では、新卒で正社員として就職すれば定年までの約40年間「終身雇用」が保証されると考えられています。これは一見すると、労働者にとって法外に有利な契約です。だからこそ企業は派遣などの非正規雇用を増やそうとし、正社員の地位はますます稀少《きしょう》になって、宝くじに当たったように扱われることになります。

しかし、正社員が労働者にとって一方的に有利な契約なら、企業はなぜそんな不利な雇用形態をいまだに続けているのでしょうか？　正社員として採用するかどうかは企業の自由なのですから、全員を「非正規」にすることもできるはずです。

正社員で募集しないと優秀な人材が採れないという事情もあるでしょうが、日本的雇用が生き残る理由はそれだけではありません。日本の会社は、終身雇用と引き換えに、正社員に対して絶対的な権力を持つことができるのです。

日本の裁判所は、解雇については労働者の味方ですが、転勤や配置転換などを不服とした訴えにはきわめて厳しい態度で臨みます。「生活の面倒を見てもらっているのだから、多少理不尽なことをされてもガマンしなさい」というわけです。最低賃金や有給休暇など、法に定められた最低限の労働条件を満たしていれば、会社は正社員に対してどんな無理な要求をしても許されるのです。

ところがここ数年、会社と正社員のこの歪《いびつ》な関係を利用した新しいビジネスモデルが登場してきました。飲食やアパレルなど多数の働き手を必要とする業界で、新卒を大量に正社員で採用し、最低賃金とサービス残業で徹底的に酷使すれば、アルバイトを時給で雇うよりずっと人件費コストが安いことが発見されたのです。もちろんこんな労働条件ではみんな辞めていきますが、「正社員」に憧れる新卒はいくらでもいるので、翌年また大量に採用すればいいのです。

日本的雇用とは、会社と労働者との間で「生活保障」と「会社への従属」を交換することでした。しかしこれはたんなる慣習なので、正社員の形式さえ整っていれば、「会社への従属」だけを要求したとしてもなんの問題もないのです。

いまでは名だたる大企業でも社員が過労死したり、「追い出し部屋」で退職を強要されることが社会問題になっています。このようにして、うるわしき日本的雇用からブラック企業が誕生し、増殖していくのです。

“ブラック政府”はブラック企業を指導できない

サービス残業というのは、就業時間外に働いたにもかかわらず残業代が支払われないことで、労働基準法では明確に禁じられています。対価を払わずにひとを働かせるのは奴隷労働で、それを否定することで近代が成立しました。

それなのに、日本ではしばしばサービス残業の常態化が指摘され、多くのサラリーマンがサービス残業を仕方がないものとして受け入れています。これでは「前近代社会」といわれても反論できません。「法治国家」のはずなのに、なぜ違法状態が野放しになっているのでしょうか？

会社（雇用者）が労働基準法を遵守しているかどうかは、各自治体に置かれた労働基準監督署が監督し、サービス残業を見つければ正規の残業代を支払うよう指導することになっています。それにもかかわらず違法行為が常態化しているとしたら、そもそも労働者保護の制度に根本的な欠陥があることになります。

何年か前に、霞が関の中央省庁で「居酒屋タクシー」が問題になりました。終電がなくなった後の深夜帰宅の際に、官僚が公費で、馴染みの運転手から缶ビールやつまみなどの「接待」を受けていたというものです。

官僚の帰宅が深夜になる大きな理由は「国会待機」で、政府答弁の原案を作成するために、議員からの質問がわかるまで関連する省庁の担当者が拘束されることをいいます。一部の議員（民主党の元首相が有名）が夜中まで質問を教えないと、担当者は仕事もないのに帰宅を許されず、省庁内にとどまることになるのです。

ところで官僚も労働者（被用者）ですから、国会待機による拘束に対しては残業代や時間外手当が支払われなければならないはずです。しかしなぜか、国家公務員は労働基準法の適用対象外とされていて、サービス残業が当然とされています。

中央省庁だけでなく、地方自治体でもサービス残業は常態化しています。さいたま市では2011年度に、40代の職員（課長補佐）が年間1800時間を超える時間外勤務をして、年間給与と同等の800万円ちかい残業代を受け取り、年収が1500万円を超えたことが市議会で問題にされました。1800時間というと平日だけなら7時間超、土日を含め1日あたり5時間に相当しますから、じゅうぶん過労死が危惧されるレベルです。こうした異常な労働環境が明らかになったのは、さいたま市が正直に残業代を支払っていたからです。他の自治体も裁量労働制などを使って不都合な現実を隠しているだけで、一部の職員に過重な負担をさせている実態は同じようなものでしょう。

労働基準監督署は厚生労働省の出先機関ですが、国会待機などを見るかぎり、厚労省も「サービス残業」の温床になっているのは明らかです。この国では、「サービス残業を禁止する法律がサービス残業でつくられる」という話がブラックジョークにならないのです。

政府や自治体がブラック化しているなら、労基署が民間企業を強く取り締まれるはずはありません。サービス残業は経営者の自覚の問題などではなく、日本社会に巣食う構造的な病なのです。

「追い出し部屋」を必要としているのは誰なのか？

ブラック企業の次は、大手企業の「追い出し部屋」が社会問題になっています。

正社員を最低賃金以下で働かせるブラック企業は飲食やアパレルなど一部の〝特殊な〟業界の話だと無視できたとしても、「追い出し部屋」で名指しされたのはパナソニックやソニー、東芝、ＮＥＣなど日本を代表する大企業ですから、日本的な労働慣行の異常な現実からもはや目をそらすことはできません。

この問題が広く知られるようになったのは１９９０年代末で、大手ゲーム会社が窓のない地下室を「自己研修部屋」にし、始業から定時までなんの仕事も与えず待機を命じたとして、解雇権濫用《らんよう》で敗訴しています。さらには２０１２年、通信教育大手が「人財部付」となった社員に自分で受け入れ先を探す「社内就職活動」を命じ、退職を強要したとされる訴訟でも、「人事権の裁量の範囲を逸脱している」との判決が出ています。

もっとも労働紛争では、仮に裁判で勝ったとしても会社に復職するケースはまれで、大半は金銭賠償で和解しています。訴えた会社でこれから何十年も働き続けるのは、よほど強靭《きょうじん》な意志の持ち主でなければ無理だからです。

この問題が難しいのは、他の社員や労働組合からの支援がほとんどないことです。いったん「追い出し」の対象にされると、孤立無援で会社とたたかわざるを得なくなります。

多くの会社は、個人だけでなく部門ごとにノルマを課しています。粗利ベースでは、家賃・人件費などの固定費に一定の利益率を加えた金額が目標で、それをクリアしないとボーナスなどの査定で減額されます。

こうした共同責任制では、部門のトップは2つの方法でノルマを達成しようとします。ひとつは、業績を拡大できる優秀な社員をメンバーに迎えること。もうひとつは、人件費の安い社員を集めてノルマ自体を引き下げることです。

ノルマが人件費を基準に算出される以上、給料ばかり高くて仕事のできない社員は重荷でしかありません。こうした社員を排除して負担を軽減しようとする〝パワハラ〟は、それによって利益を得る他のメンバーの暗黙の支持を受けているのです。

これはもちろん、「追い出し部屋に送られるのは自己責任」という話ではありません。あらゆる仕事を人並み以上にこなせる万能人間などいるはずはなく、ささいなことで上司や同僚と感情的にこじれることもあるでしょう。会社という閉鎖的な組織では、「みんなの迷惑だ」という烙印をいちど押されると、どこにも行き場がなくなってしまうのです。

かつての日本企業は、こうした社内失業者を「窓際」に置いたり、発注と引き換えに子会社に出向させて養う余裕がありました。しかし業績の悪化とともに〝社会福祉事業〟は不可能になり、かといって受け入れを嫌がる部門に強制的に配属することもできず、退職を強要するほかなくなったのです。

「追い出し部屋」問題は、会社や経営者をいくら批判しても解決しません。

日本企業の強さは、ボトムアップの現場主義にあるといいます。その現場が追い出し部屋を求めているのですから、権力基盤の脆弱《ぜいじやく》なサラリーマン社長は、社員大衆の声に従うほかはないのです。

社員がアルバイトになりたがる不思議な会社

ワタミの渡邉美樹《わたなべみき》会長（当時）が、2013年夏の参院選で自民党から出馬するにあたって、「ブラック企業」との批判にこう反論しています。

「賃金や離職率、時間外労働時間などいずれの基準でも飲食サービス業の平均を上回っており、ブラック呼ばわりされるいわれはない」

この渡邉氏の説明に納得するかどうかは別にして、ありもしない理想の会社を基準にして「反社会的」のレッテルを貼るのがフェアでないのはそのとおりでしょう。徒手空拳から一代で会社を興すのが〝普通〟のひとではないのは当たり前で、「365日24時間死ぬまで働け」と社員を叱咤《しった》する中小企業のオーナー社長はいくらでもいます。ブラックかどうかは、あくまでも法に則って判断するべきです。

ところが困ったことに、この「正論」が問題をさらにややこしくしています。

ブラック企業は、終身雇用の代償として慣習化していたサービス残業などを利用して、社員を最低賃金以下で働かせています。サービス残業が違法なのは明らかですが、この悪習は日本の社会全体に広まっているので、これを基準にすると大企業ばかりか官公庁まですべて〝ブラック〟になってしまいます。その実態を論じるには、ブラック企業のなかから「ほんもののブラック」を見つけ出さなくてはなりません。

リトマス試験紙のひとつとして考えられるのが、正社員のアルバイト化です。

飲食業界のブラック企業は、残業代をいっさい払わずに正社員を使い倒すことで人件費を抑えようとしています。当然、こんな労働環境では働く気はしませんから、新卒で入社した社員の大半は半年も経たずに辞めていきます。

スタッフが次々といなくなれば店を回していけません。ハローワークに求人を出したとしても、正社員になりたい若者が押し寄せてくるわけではないからです。

こんなとき、困り果てた店長はどうするのでしょうか。実は、辞表を出した社員に「アルバイトで残ってくれないか」と懇願しているのです。

アルバイトは時間給ですからサービス残業はありません。そのうえ深夜勤務は応募が少なく、アルバイト代は時給1200円程度まで上がっています。正社員と同じ仕事をアルバイトでやれば月収が1・5倍になり、場合によっては店長の年収を超えてしまいます。こうして、「正社員がアルバイトになりたがる」という不思議な現象が起きるようになったのです。

ブラック企業問題の本質は、「正社員は過剰に保護されているのだから会社の無理難題を受忍すべし」という日本的な雇用慣行にあります。〝世界標準〟の労働制度は同一労働同一賃金で、正社員と非正規社員の「身分格差」は差別であり、サービス残業は「奴隷労働」と見なされます。

しかしそうなると、会社は社員の雇用を保障する理由がなくなりますから、金銭による整理解雇を認めるしかありません。労働市場改革があらゆる改革のなかでもっとも困難なのは、日本社会の中心にいるサラリーマンや公務員の既得権を直撃するからです。

もちろん、正しい解決法が実現不可能だからといって目の前にある問題を見過ごしたりはできません。だからこそひとびとは、バッシングの標的を探すのです。

「NEET株式会社」という冒険

しばらく前の朝日新聞に「ニートだけの会社　全員取締役」という記事が掲載されました（2013年8月21日付朝刊）。全国からニートの若者を集め、「NEET株式会社（仮称）」の立ち上げに向けた「合宿」を行なったところ、300人が登録し、100人以上が参加したというのです。

全員が取締役ということは、ニート自身が新会社の出資者＝株主になり、株主総会を取締役会にして、直接民主制で会社統治（コーポレート・ガバナンス）を行なうのだと思われます。それでも代表取締役がいないと会社登記ができませんから、これは象徴天皇制のような扱いになるのでしょうか。もっとも記事によると「働いた人がそれなりに豊かになる、資本主義に代わるもの」を目指すとのことですから、このような旧態依然とした理解そのものが間違っているのかもしれません。

こうした理想主義を揶揄・批判するのは簡単です。旧ソ連のコルホーズ（集団農場）や文革期の中国の人民公社、資本主義ばかりか貨幣経済まで否定した民主カンボジアのポル・ポトなど、高邁《こうまい》な理想を掲げた20世紀の社会実験はひとつの例外もなく悲劇的な結末を迎えました。「みんな平等」という建前は、隠蔽された身分制と独裁を必然的に生み出す最悪のガバナンスなのです。

「働かない奴らのただの言い訳」「親や社会に甘えているだけ」という厳しい見方もあるでしょう。記事のなかに出てくる26歳の男性は、アルバイトも含めていちども働いたことがなく、「やりたいこと」を探して仕送りで暮らしています。

とはいえ、こうした蛮勇はもっと積極的に評価すべきかもしれません。失敗からしか学べないこともあるでしょうし、勘違いした若者の理想が社会を動かしてきたことも確かだからです。

ニート（NEET）は「教育・就労・職業訓練」の経験が欠けている、学校や会社などの組織に馴染めないひとたちの総称です。この試みが興味深いのは、そんな彼らが集まって組織をつくり、ニートの蔑称を捨てて「株式会社の取締役」という社会的ブランドを手に入れようと考えたことです。

実は私は、これと同じようなことを『貧乏はお金持ち』（講談社＋α文庫）という本で提唱したことがあります。

「取締役」は特別な役職ではなく、会社をつくれば誰でもなれます。いまでは1円から株式会社が設立できるのですから、「ニート」や「フリーター」などと呼ばれるくらいなら、会社（マイクロ法人）をつくって社長（取締役）になってしまえばいいのです。

私の案では、300人が集まって会社を設立するのではなく、300社の株式会社を設立します。1人1社ならガバナンスの問題を考える必要はなく、各社（各人）を対等の立場でネットワークする事業を構想すればいいだけです。成功した会社は大きくなり、失敗した会社はつぶれていきますが、この「市場原理」は独裁や身分制とは無縁です。この方がずっとすっきりすると思いますが、どうでしょうか？

いずれにせよ「年内に会社設立を目指す」とのことですから、〝ニートの理想郷〟の行く末を楽しみに待ちたいと思います。

後記：「NEET株式会社」は2013年11月21日に正式に設立され、現在も活動をつづけています。詳しいことはホームページ（neet.co.jp）で知ることができます。

6 イエという呪縛

「社員の面倒を見る」義務から会社を解放しよう

ブラック企業は、日本経済が過去10年間で生み出した最大のイノベーションです。その〝功績〟は、最低賃金とサービス残業で正社員を徹底的に使い倒し、アルバイトを雇うよりも大幅に人件費を節約して驚くような低価格を実現したことです。

もちろん、サービス残業は労働基準法に照らせば完全に違法ですが、法はあらゆる人間関係を平等に規制するわけではありません。

店先のお菓子を勝手に取って食べれば万引きですが、友だちのお菓子ならいたずらです。法は人間関係が疎遠なほど強い影響力を持ち、近しくなるにつれて効力を失い、家庭内では民法や刑法が問題になることは（ふつうは）ありません。ここに、日本の会社の遵法意識がきわめて低い理由があります。

日本では、会社は〝イエ〟と同じで、経営者と従業員（正社員）は運命共同体だと考えられてきました。社長と社員の関係が親子、上司と部下の関係が兄弟（姉妹）のようなものならば、家庭内には原則として国家は介入できないのですから、どのような法律も守る必要はないことになります。違法体質は、日本の会社に特有のベタな人間関係から生まれるのです。

しかしそれでも疑問は残ります。中国は日本以上にベタな人間関係でできた社会ですが、従業員はみな定時になるとさっさと帰宅し、無報酬で働くなどということは考えられません。それは中国人にとって、経営者と従業員はあくまでも他人同士で、人間関係の外にあるからでしょう。生活の面倒を見てくれないなら、奉仕するのはばかばかしいだけです。

それに対して終身雇用を前提とした日本的雇用制度では、経営者は、いちど社員を採用すれば生涯（定年まで）面倒を見なければならないと強く意識します。子育てですら20年で終わるのに、新卒社員のこれから40年間の生活を考えるとき、とてつもなく重い負担感と同時に、それとは裏腹の支配意識が生じるのは当然です。会社という〝イエ〟の家長である経営者は、家族に対するよりはるかに強い服従を正社員に要求するのです。

ブラック企業を批判するひとたちは、経営者が社員を奴隷のように酷使するのではなく、ひととしてもっと大切に扱えといいます。これは正論ですが、日本では逆効果です。

「経営者なんだからちゃんと社員の面倒を見ろ」ということは、その前提として、〝イエ〟の家長としての絶対的な権力を認めているからです。これでは、ほとぼりが冷めればすぐにまた独裁が始まるだけなのです。

会社と家族を同一視するひとは、いまでは日本でも少数派かもしれません。しかし過去の〝イエ〟意識は亡霊のようにまとわりついて、いまもひとびとの意識を支配しています。

ブラック企業をなくすには、〝イエ〟化した文化を変えるしかありません。

問題は、正社員が〝イエ〟にとりこまれ、無制限の献身と服従を要求されることです。だとしたらそのもっとも簡単な解決法は、会社（経営者）を「社員の面倒を見る」義務から解放することでしょう。

これなら〝イエ〟は解体し、日本にもはじめて近代的な労使関係が生まれるはずです。

参考文献：村上泰亮、公文俊平、佐藤誠三郎『文明としてのイエ社会』中央公論社

ユニクロは〝ブラック企業〟なのか？

ユニクロの柳井正《やないただし》氏の「年収１００万円も仕方ない」との発言が波紋を呼んでいます。

それに対する批判の多くは「若者を低賃金で働かせようとしている」というものですが、朝日新聞（２０１３年４月23日付朝刊）に掲載されたインタビューを読むとこれは誤解で、「グローバル化で富が二極化していく以上、仕事を通じて付加価値がつけられないと途上国の労働者と同じ賃金で働くことになる」という、ごく当たり前のことを述べているだけです。同じ話を経済学者や評論家がしても誰もなんとも思わないでしょうから、この反発は発言の内容というより、柳井氏個人に向けられたものにちがいありません。

柳井氏への批判は、記事でも書かれているように、ユニクロが「ブラック企業」で、新卒社員のおよそ半分が3年以内に退社していくということにあるようです。「休職している人のうち42％がうつ病などの精神疾患で、これは店舗勤務の正社員の３％にあたる」とのデータはたしかに衝撃的です。

しかしこれだけで、ユニクロを典型的な〝ブラック〟と決めつけることはできません。ほとんどのブラック企業は居酒屋チェーンのようなドメスティックな事業を行なっているのに対して、ユニクロは日本を代表するグローバル企業だからです。

日本的な雇用慣行では、正社員の解雇が厳しく制限される一方で、社員は会社の理不尽な命令にも服従しなければなりません。「生活の面倒を見てもらっている以上、わがままが許されないのは当たり前」というのが、労働紛争における日本の裁判所の判断です。ブラック企業は、「なにがなんでも正社員になりたい」という若者の願望を利用して、サービス残業などの〝奴隷労働〟を強要しながら社員を使い捨てることで、アルバイトを最低賃金で雇うよりはるかに安い人件費コストを実現しています（これが〝激安居酒屋〟が成立する秘密です）。

それに対してユニクロの成功の要因は、中国の安い労働力を活用して高品質の衣料品を安価に大量に供給したことで、日本の労働者を搾取したからではありません。社員の離職率が高いのは低賃金が理由というより、柳井氏も認めるように、社員に対する要求水準が高いために大半が脱落してしまうからでしょう。この激しい競争に勝ち抜けば「年収1億円」というのですから、リスクとリターンが見合っているといえなくもありません。

朝日新聞の記事では、中国・華南地方のユニクロで、月給6000元（約9万円）で働く20歳代の女性店長が紹介されています。年収は7万2000元で、日本円でおよそ100万円ですが、これは法定最低賃金の約5倍ということなので中国では高給です。

ところで、中国で年収100万円の仕事が日本で500万円になるのはなぜでしょうか？「日本の物価が高いから」というのは、もはや正当な理由にはなりません。日本の労働者がその金額に見合う付加価値を持っていないのなら、中国人の女性店長に日本の店舗を任せればいいだけだからです。

日本人だというだけで高給を要求するな――グローバル企業の経営者である柳井氏は、そういって日本社会を挑発しているのです。

労働組合は身分差別社会が大好き

安倍政権による労働者派遣法改正案が国会で議論されています。

これを改悪と主張するひとたちは、「正社員が派遣労働者に置き換えられて格差が拡大する」といいます。それに対して政府側は、これまで専門26業種だけに認められていた条件をすべての労働者に開放することで、労働者のニーズにあった多様な働き方が可能になると反論しています。

労働市場改革が揉《も》めるのは、それが日本社会の根幹である「会社＝イエ制度」を揺るがすからです。

経済学的にいえば、働くというのは自らの人的資本を労働市場に投資し、そこから報酬というリターンを得ることです。人的資本は学歴や資格、専門知識や経験を総合したもので、それを基準に昇進・昇給が決まります。キャリアアップとはたんなる出世ではなく、さまざまな手段で人的資本を増やしていくことなのです。

しかし日本では、こうした近代的な職業観はまったく受け入れられませんでした。いまでも学生たちは、どんな仕事をするのかもわからないまま会社に入り、その会社で定年まで過ごすことを人生設計の基本に置いています。

そのときにもっとも大事なのは、「会社＝イエ」の正規メンバー、すなわち正社員になることです。日本の会社は新卒時に正社員を一括採用するため、大学生活の後半が就活に振り回され、それに失敗すると「非正規」という〝二級市民〟になってしまうのです。

「正社員」と「非正規」は身分制ですから、近代社会では許されません。そこで差別に反対する理想主義者は、「派遣を禁止して労働者はすべて正社員にすべきだ」と要求します。

企業経営者や自民党はこれを「非現実的なユートピア主義」と批判しますが、働く者の味方であるはずの労働組合も諸手《もろて》を挙げて賛成しているわけではありません。民主党政権は「製造業への派遣の原則禁止」を含む労働者派遣法改正を目指しましたが、けっきょく腰砕けになってしまいました。経済界の反対よりも、民主党の最大の支持基盤である連合（日本労働組合総連合会）が、正社員の既得権が侵されるのを恐れたからでしょう。

日本的な「会社＝イエ制度」では、正社員は〝選民〟であるからこそさまざまな特権を享受しています。法によって派遣が禁止され正社員の数が増えれば、その価値が下がることは誰だってわかります。

ＩＬＯ（国際労働機関）が日本に勧告しているように、「同一労働同一賃金」が世界標準のもっとも公正な働き方です。そこでは「正社員」と「非正規」の身分差別はなく、すべての労働者が仕事の内容と能力によって平等に扱われます。すなわち、「誰もが派遣労働者で、かつ正社員」になるのです。

これは素晴らしいことですが、その理想が実現したときは年功序列・終身雇用という日本的な労働慣行は崩壊し、会社がイエであることもなくなるでしょう。

労働者派遣法改正が右往左往を繰り返すのは、この国の既得権層が理想を拒絶し、居心地のいい身分差別社会を守ろうとあがいているからなのです。

素晴らしき強制労働社会

日本にはどのような将来の選択肢があるのでしょうか？

これまでは、「アメリカ型の新自由主義か、北欧型の福祉社会か」といわれてきました。〝弱肉強食〟のアメリカ型新自由主義（ネオリベ）は世界金融危機で破綻したとされていますから、残された選択肢は消去法で北欧型の福祉社会しかありません。

しかし不思議なことに、「もっと福祉を」の大合唱は聞こえてきません。日本国の借金が1000兆円もあるからでしょうが、それだけが理由ではないようです。北ヨーロッパの福祉社会を視察した労働組合幹部などが、帰国後は一斉に口をつぐんでしまったからです。

彼らはそこでいったい何を見たのでしょうか？

ワーク・ライフ・バランスや社会参画で一世を風靡《ふうび》したオランダは、男女平等で自由な働き方を実現しながら、きわめて社会の効率が高いことで知られています。オランダの就業者1人あたりの労働時間は年1392時間で、労働生産性（就業者1人1時間あたりのGDP）は53・4ドル。それに対して日本の労働者は平均労働時間1785時間で労働生産性は37・2ドルしかありません。日本人はオランダ人よりはるかに長く働いて、その労働は7割程度の価値しか生み出していないのです。

だったら日本の社会制度を、オランダのように変えてしまえばいいのではないでしょうか。

ヨーロッパはEUの労働政策で同一労働同一賃金が徹底されています。そのうえオランダは、1996年に成立した「労働時間差別禁止法」で、労働時間の違いに基づく労働者間の差別が禁止されました。

さらに2000年の「労働時間調整法」で、労働者に労働時間の短縮・延長を求める権利が認められ、翌01年の「労働とケアに関する法律」では、出産・育児休暇や介護休暇の制度が大幅に拡充されました。なにもかも労働者にとっては素晴らしい話ばかりです。

一連の改革の結果、オランダでは「アルバイト」や「パートタイム」がなくなりました。勤務時間で労働者を差別せず、どれだけ働くかを決めるのは労働者の権利なのですから、1日1時間しか仕事をしなくても立派な「正社員」なのです。

ところで「非正規」がみんな正社員になるということは、これまで正社員に認められていた特権がすべて「差別」として廃止されるということです。年功序列や終身雇用も当然なくなり、50歳の部長でも、アルバイトと同じ仕事しかしていないなら、給料も同じになってしまいます。

もちろん福祉社会のオランダでは、失業しても生活の心配はありません。失業保険をもらいながら、再就職のための教育訓練まで受けられます。

これも素晴らしい話ですが、そのかわり04年に施行された「雇用・生活保護法」で、18歳以上65歳未満の失業保険受給者は原則として全員が就労義務を課せられ、「切迫した事情」を立証できないかぎりこの義務は免除されないことになりました（日本の例でいうならば、ハローワークの斡旋を断わると失業保険や生活保護の給付が止まってしまいます）。

先進的な福祉国家では、社会に参画（貢献）する意思と能力を持った〝市民〟だけが手厚い保障を受けられます。

理想の福祉社会は、強制労働社会でもあったのです。

参考文献：水島治郎『反転する福祉国家　オランダモデルの光と影』岩波書店

7　自虐的な経済政策

既得権を守るために「日本人はバカだ」という

楽天の三木谷浩史《みきたにひろし》社長が、医薬品のネット販売規制に抗議して政府の産業競争力会議の民間議員を辞任すると表明しました（慰留されてその後撤回）。この会議はアベノミクスの3本目の矢である成長戦略の要とされていましたが、その象徴的存在だった三木谷氏に三行半《みくだりはん》を突きつけられたことで、安倍政権の規制緩和への本気度が問われています。

楽天の子会社などが原告となった行政訴訟では、医薬品のネット販売を禁止した厚生労働省令を、最高裁判所が「薬事法の趣旨に適合せず違法で無効」と判断しました。これでやっと自由化が進むかと思えば、厚労省は薬事法を改正して一部の市販薬のネット販売を禁止するほか、処方薬については対面での販売を法律で義務づけるといいだしました。これでは三木谷氏が激怒するのも当たり前です。

厚労省は、ネット販売を禁止する5つの市販薬は「劇薬」で、医師が処方箋を出して薬剤師が提供する処方薬については「ネットでは安全が保証できない」と説明していま す。

一見するともっともらしい理屈ですが、規制について考える場合は2つの視点が大事です。ひとつは「その規制は誰の利益を守っているのか」ということ。もうひとつは、「規制に科学的な根拠があるのか」ということです。

患者のなかには、身体が不自由で薬局まで行くことができないひともいます。病名を知られるのが嫌で、薬を買うのを躊躇しているひともいるでしょう。処方薬のネット販売が解禁されれば、こうした患者の利便性が大きく向上することは間違いありません。厚労省や薬剤師の業界団体は「ネット販売は危険だ」と繰り返しますが、対面販売の強制によって不利益を被っているひとたちの存在についてはいっさい口にしません。また一部の市販薬への規制では、そもそも「劇薬」が町の薬局で誰でも買えること自体がおかしいのですが、これについての説明もありません。

規制緩和をめぐる議論でいつも不思議に思うのは、なんの根拠も示さずに情緒に訴える主張がいまだにまかり通っていることです。

アメリカやイギリス、ドイツなどでは薬のネット販売が解禁されています。もし厚労省や薬剤師の団体がいうように処方薬のネット販売が患者の安全を脅かすのなら、これらの国ではトラブルが頻発し、消費者団体などがネット販売の禁止を求めているはずですが、そのような動きはありません。日本ではニセ薬の問題ばかりが取り上げられますが、「薬を処方してもらうためだけに病院に出向く手間がなくなり、医療費の削減にもつながっている」と評価されてもいます。

欧米の一部ではマリファナや売春が自由化されているように、冷戦が終わって自由経済のなかで生きていくほかないとわかってから、さまざまな国が効率的な制度を模索して社会実験を行なっています。だとしたらもっとも費用対効果の高い政策立案とは、他の国でうまくいっている政策を取り入れて改良していくことです。

既得権にしがみつくひとたちは「日本の事情」ばかり強調しますが、欧米で成功したことが日本でできないというのは、「日本人はバカだから規制が必要」といっているのと同じです。薬局の利益を守るためだけにこんな「自虐的」な主張が横行するのはそろそろ終わりにしたいものです。

ベビーシッター事件で子どもを犠牲にしているのは誰だ？

埼玉県富士見市のマンションで2歳の男児が遺体で見つかった事件で、26歳のベビーシッターが死体遺棄容疑で逮捕されました。子どもを預けた母親は夫と別居していて、生活保護を受けながら週2日ほど夜の仕事をしていたといいます。この事件はシングルマザーが置かれているきびしい状況を浮き彫りにしました。

保育事業を所管する厚生労働省はベビーシッターについて、「信頼できる認定事業者を利用してほしい」というだけで、具体的な対策はなにひとつしていません。なんにでも首を突っ込んで権益を拡大したがる官僚がこの問題に無関心なのはもちろん理由があります。

認定事業者に子どもを一晩預けると3万～4万円の費用がかかりますが、男児の母親の仕事は時給2000円でした。これでは働くほど赤字になってしまいますから、インターネットで安く預かってくれるシッターを探すしかなかったのです。

この問題を解決するもっともかんたんな方法は、事業者に補助金を出して安く子どもを預けられるようにすることです。しかしこれでは夜遊びに使う親がいるかもしれないし、それ以前に巨額の費用が必要になります。政府や自治体にそんな余裕はありませんから、目の前に困っている国民（市民）がいても見て見ぬふりをするのです。

政府が「待機児童ゼロ作戦」を始めたのは小泉政権時代の2001年ですが、それから13年経ったのに事態はまったく改善しないばかりか、ますます悪化しています。このようなことが起きるときは、たいていどこかに構造的な原因があります。

認可保育園に入所を希望する子どもは、申請をあきらめている潜在的待機児童を含めると全国に85万人もいます。これほど需要が大きければ、当然、そのサービスを供給しようとする事業者が現われるはずです。

しかし日本の保育事業ではこうした市場原理が働きません。国が認可保育園に巨額の補助金を投入して保育料を安くしているため、（補助金の投入されない）未認可の事業者が市場に参入できないからです。

保育の業界団体や労組は、「子どもの安全」を錦《にしき》の御旗《みはた》にあらゆる改革に強硬に反対しています。彼らが容認する待機児童対策は予算の増額で認可保育園を増やすことだけで、そのため厚労省は「（予算の裏づけとなる）消費税が上がらなければなにもできない」と問題を放置し続けてきたのです。

待機児童をなくすには、事業者への補助金の投入をやめ、保育事業を市場原理に戻す必要があります。そうすれば大きな需要があるビジネスに多数のベンチャーが参入し、サービスの質は向上し、非効率な経営をする事業者は淘汰《とうた》されていくでしょう。

もちろんその場合、保育料はいまよりも高い市場価格になります。これでは貧しい家庭は利用できませんが、保育バウチャー（特定の支払いにしか使えない金券）を配布して保育料を補塡《ほてん》すればいいでしょう（ベビーシッターの問題はもうすこし複雑ですが、考え方は同じです）。

経済学では、事業者に補助金を払って市場を歪《ゆが》めるよりも、市場原理を働かせながら、サービスを必要とするひとを直接援助したほうがずっと効率的なことがわかっています。しかしこれは既存の事業者にとって最悪の改革ですから、彼らは子どもを犠牲にして既得権にしがみつき、自分たちの利益を守ろうとしているのです。

母子家庭を援助すべき〝不都合〟な理由

安倍政権が生活保護法改正などで、生活保護の切り下げを図っていると批判されています。NPO団体などは一連の「改悪」によって保護が必要なひとが申請できなくなり、餓死や孤立死といった悲劇を招くと主張しますが、しかしその一方で、生活保護の受給者数は過去最高の215万人に達し、支給総額は年3兆8000億円（自治体負担分を含む）に及んでいます。いずれの数字もこの10年間で倍増していますから、生活保護が受給しやすくなったとはいえないとしても、一方的な「弱者切り捨て」批判は疑問です。

ところでひと口に生活保護といっても、受給者にはさまざまな事情があります。もっとも多いのはじゅうぶんな年金を受給できない高齢者で、60歳以上の受給者が全体の半分を占めます。また19歳以下の子どもも約15％おり、20代から50代までの受給者は約3分の1です。また世帯別で見ると、全体のおよそ1割が母子家庭となっています。

生活保護法の改正では、支給費削減と同時に、生活困窮者の自立支援も大きな柱になっています。これは欧米諸国で、「現金給付から職業訓練へ」という福祉政策の流れが定着したことが影響しているのでしょう。

福祉による就労支援はアメリカやイギリスが先行しており、経済学者などによる政策評価も積極的に行なわれています。こうした研究によれば、職業訓練は母子家庭の失業者には有効ですが、それ以外はほとんど役に立たず、とりわけ低学歴の若者と高齢者への教育投資はまったく効果がないという結果が出ています。

この事実は、次のように説明できます。

母子家庭の貧困というのは、子どもを産んだ後に離婚するか、未婚のまま出産した女性の失業問題です。ある男性と出会って、幸福な家庭を築けるのか、それとも関係が破綻するのかは事前にはわかりませんから、子どもを産んだすべての女性が母子家庭になるリスクを抱えています。失業して貧困に陥った女性の母集団は、ふつうの女性なのです。

母子家庭の抱える問題は、仕事と家庭を両立させることが難しく、求職活動も仕事に役立つスキルの習得もじゅうぶんにできないことです。だからこそ子育ての負担を軽減し、適切な職業訓練を行なえば、貧困に陥っている母子家庭の母親は、母集団である働く女性たちと同じレベルの仕事をこなせるようになるのです。

母子家庭への税の投入がそれを上回る経済効果があるのなら、もっとも効率的な政策は生活保護から母子家庭を切り離し、従来の基準を上回るじゅうぶんな援助をすることです。これで貧困に苦しむ母親や子どもたちだけでなく、私たちの社会も大きな利益を得られるでしょう。

それではなぜ、こんなかんたんなことができないのでしょうか。理由は、母子家庭以外の受給者が母集団（ふつうのひとたち）とは異なると政府が認めることになってしまうからでしょう。

政治家にとっては、〝不愉快な事実〟をひとびとに告げるより、母子家庭が苦しむほうがずっといいのです。

「公営住宅をもっとつくれ」という奇妙な理屈をふりかざすひとたち

低所得者向けの公営住宅で抽選倍率が100倍を超え、希望者が入居できない事態になっています。都営住宅はとりわけ人気が高く、2013年11月の募集には1500戸に4万2781人が応募し（平均倍率28・5倍）、場所によってはさらに倍率が上がるほどです。

このことを報じた新聞記事では「自治体の財政難で公営住宅が増設できない」と書かれていましたが、これが問題の本質なのでしょうか？

日本はこれから人口減少社会へと向かい、民間アパートの空室率も高くなっています。そんななかで自治体が住宅を大量供給するのでは民業圧迫そのものです。社会全体で住宅が余っているのだから、公営住宅は減らしていくべきです。

公営住宅の供給に対して需要が極端に大きいのは家賃が安すぎるからで、入居者を抽選で決めようとすると、民間アパートの家賃を払えるひとまでが大挙して申し込んできます。財布はひとつなので、家賃を節約できればその分を他のことに使えます。認可保育園や特別養護老人ホームと同じく公営住宅も、市場原理を無視したために希望者が多くなりすぎたことが問題なのです。

混乱を解決する第一歩は、不要不急の申込者を減らし、家賃の安い住宅をほんとうに必要としているひとがとばっちりを食わないようにすることです。現在でも入居時の所得制限（都営住宅の場合は月収15万8000円以下）はありますが、これだけでは多額の資産（貯金）のある退職者や、所得を調整できる自営業者を排除できません。また入居時の資格制限だけでは、幸運にも抽選に当たったひとはそれを既得権にして、家計が楽になっても退去しようとはしないでしょう。国民の税金を投入している以上、公営住宅の利用にあたっては資産を含めた経済力を公正な方法で測ることが不可欠なのです。

日本でも国民全員に共通番号を振るマイナンバー（社会保障・税番号制度）が2016年から始まることになりましたが、銀行・証券口座への登録が義務づけられるのは（可能だとしても）まだずいぶん先のことです。現状では自治体が入居（申込）者の資産を把握するのは不可能で、それが不公平をもたらしています。

これを解決するには、公営住宅の申込時に金融資産を税務署に申告するとともに、税務署から金融機関に照会できるようにすることです。これで「そんな面倒なことはしたくない」というひとが大量に脱落するでしょうが、それに加えて、一部の口座しか申告しないなどの不正が発覚した場合は厳しい罰則を科すようにしておけばほんとうに必要なひとだけが残るでしょう。たったこれだけのことで、公営住宅の抽選倍率は劇的に下がるはずです。

さらに、今後はますます空き家が増えていくのですから、自治体が公営住宅を運営するのをやめて低所得者向けの家賃補助に切り替えたほうがずっと効率的です。公営住宅から退去させるのは困難でも、じゅうぶんな収入や資産があることが判明した利用者への補助を打ち切るのはかんたんです。これで限られた予算をより有効に使うことができるようになります。

社会問題を取り上げることはメディアの重要な役割ですが、その問題を合理的に解決（改善）する方法がある場合、それもあわせて提起することでより立派な「社会の木《ぼく》鐸《たく》」になれるのではないでしょうか。

貧乏くじを引くのはいつもまっとうに生きている多数派

２０１４年４月下旬、米オバマ大統領との首脳会談を受け、安倍首相はＴＰＰの早期妥結を指示しましたが日米協議は合意に至りませんでした。貿易自由化で既得権を奪われるひとたちが自民党の支持基盤になっているためでしょう。

その一方で、日本とオーストラリアのＥＰＡ（経済連携協定）では牛肉の関税を38・5％から23・5％に引き下げることが決まりました。これによってオーストラリア産牛肉も安くなるでしょうから、消費者にとっては朗報です。

ところが不思議なことに、「得する」ネタが大好きなはずの新聞やテレビは、「関税引き下げで家計が楽になる」とか、「ＴＰＰで米国産牛肉も安くしよう」などとはいっさいいわず、「畜産農家の経営への影響」を懸念しています。ＴＰＰ問題では、多数派（消費者）のメリットはできるだけ小さく報じ、少数派（農家）の被害を強調するのが〝正しい報道〟とされているようです。

もっともこれは特別なことではなく、同じような現象はあちこちで見られます。

日本では、賃貸住宅を借りるときに保証人を要求されるという悪弊がいつまでたっても改まりません。家賃を保証できるのは収入のある親かきょうだいで、年をとると保証人が見つけられなくなり、この不安が無理をしてマイホームを購入する理由のひとつになっています。

ところが、〝リベラル〟と呼ばれるひとたちはこの問題を取り上げるのに消極的です。なぜかというと、保証人制度を廃止すると彼らにとって都合の悪いことが起きるからです。

不動産を貸して生計を立てている家主たちは、家賃滞納者のブラックリスト化をずっと求めていますが、リベラルなメディアや団体の猛反対にあって頓挫しています。家賃を払えないのは止むに止まれぬ事情があるからで、ブラックリストに載せれば家を借りられなくなってしまう。貧乏人をホームレスにするような制度は許されない、というわけです。

貸金業では常習的な滞納者をブラックリストで排除できますが、不動産業ではそれができません。いったん悪質な借家人に居座られると大損害ですから、責任を負ってくれる保証人を求めざるを得ない、というのが家主の主張です。

こうしてリベラル派は二律背反を突きつけられます。

保証人制度を批判すると、家賃滞納者のブラックリストを受け入れなくてはなりません。ブラックリストを阻止しようと思えば、保証人制度を容認するしかなくなります。

リベラルとは、常に少数者の側に立って社会問題を解決しようとする政治的態度です。家賃を滞納するのはごく一部で、彼らが「社会的弱者」だとすると、その権利を守るためには、ちゃんと家賃を払っている大多数の借家人が不利益を被っても仕方がない、ということになります。

関税をかければ小売価格が上がりますから、〝税金〟を払うのは一般の消費者です。家賃滞納者を保護すれば、困るのは家主ではなく健全な借家人です。どちらもちょっと考えればわかることですが、リベラル派も(TPPに反対する)保守派もこうした議論をぜったいに受け入れません。自分たちが〝正義の側〟に立てなくなってしまうからでしょう。

こうして日本では、まっとうに生きている多数派がいつも貧乏くじを引くことになるのです。

8　経済は面白い

プレゼンでは大事なことは決められない

　2020年の夏季オリンピック開催地が東京に決まり、日本じゅうが沸きましたが、ここで注目されたのが国際オリンピック委員会（IOC）総会での最終プレゼンテーションです。とりわけパラリンピック走り幅跳びのアジア記録保持者で、東日本大震災の被災者でもある佐藤真海《まみ》さんのスピーチがIOC委員のこころを大きく動かしました。「プレゼン」という言葉がテレビのワイドショーで繰り返されたのは、おそらく前代未聞のことでしょう。なぜならこれまで、日本の社会にはプレゼンなど必要ないとされてきたからです。

　サラリーマンなら誰でも知っていますが、日本の会議にはそもそも議論というものがありませんでした。根回しによってあらかじめ結論は決められており、会議とはそれを各部門の責任者が了承する儀式だからです。この根回しを組織の外に拡張したのが談合で、公共事業の入札では、各社が見積もりを出す前に落札先が決められていました。根回しや談合でないと意思決定できないのは、日本が同質性が強く退出の難しい社会だからです。いったん恨みを買うといつまでも尾を引くのであれば、全員が納得するような解決策を探すしかありません。

日本型の組織では、上司の意を受けて現場が方針を決め、トップがそれを追認するかたちで意思決定してきました。もっとも、この手法が非効率で遅れているとは一概にいえません。旧日本軍は戦術だけあって戦略のないまま戦線を拡大し国家を破滅に導きましたが、戦後日本の製造業は現場主義のマネジメントによって世界を席巻しました。

根回しや談合は、非公式の結論を当事者の総意として誰もが受け入れる、という了解がなければ成り立ちません。組織のなかに異質なメンバー（外国人など）がいて、この前提が共有できないと日本的な意思決定は立ち往生してしまいます。

プレゼンが必要になるのは、根回しや談合が不可能な状況で決定を下さなければならない場合です。これは、組織の公正さとは関係ありません。ＩＯＣにもさまざまな黒い噂がありますが、だからこそすべてのひとを納得させるために、公開の場で優劣を競わせなければならないのです。

日本でもプレゼンが注目されるようになってきたのは、経営環境が複雑化するにつれて、根回しや談合ではすべての利害関係者を納得させることができなくなってきたからでしょう。とはいえ、こうしたやり方で最善のものが選ばれる保証はありません。プレゼンを聞いたうえでみんなで決めたのなら、決定を下した個人は責任を負う必要がありません。誰も責任を取りたくない社会では、プレゼンすら責任回避の道具に使われてしまうのです。

そう考えれば、プレゼン型の意思決定は、どうでもいい問題を扱うときに最大の効果を発揮することがわかります。どのプランも大したちがいがないならば、「プレゼンの上手《うま》い人間がもっとも優秀だ」と考えてもたいていはうまくいくからです。

アップルのスティーブ・ジョブズは〝プレゼンの天才〟と呼ばれましたが、大切な意思決定をプレゼンに頼ることはありませんでした。こころを動かすようなスピーチは外向けにとっておいて、重要な決断は常に孤独のなかで行なわれたのです。

ゲーム理論で新車をもっとも安く買う方法

２０１３年春に大騒ぎとなった北朝鮮情勢は、中距離弾道ミサイルが撤去され、「戦争」の挑発もなくなり、いったん尻すぼみになりました。その後、中国の大手国有銀行が当局の指導を受けて、北朝鮮向けの送金を止めていることが報じられました。水面下でどのような駆け引きがあったのかはわかりませんが、アメリカの経済制裁に中国が同調したことが北朝鮮を追い詰め、ミサイル撤去に至ったと思われます。

アメリカでは、国際政治の交渉にゲーム理論を使うのが常識です。有名なのは冷戦時代の「相互確証破壊」で、アメリカとソ連が相手を一瞬で消滅させるだけの大量の核兵器を保有することが、平和のための最良の戦略だとされました。この論理はひとびとの神経を逆なでしましたが、それによって米ソの「世界最終戦争」が避けられたのも事実です。

ゲーム理論は、すべてのプレイヤーが自分の利益を最大化すべく合理的な選択をするという前提のもとに、いくつかの単純なルールで相手の行動を予測します。そんなものが役に立つのかと思うかもしれませんが、ゲームの参加者の数が限られていれば、巧妙な戦略で相手を完全にコントロールすることも可能です。核開発問題の当事者は、北朝鮮と米国、中国（および韓国）ですから、米中が協力すれば北朝鮮はなにもできなくなってしまうのです。

これほど強力なゲーム理論を日常生活に活用する方法はないのでしょうか？　ここでは、新車をもっとも安く買う方法をご紹介します。

ゲームの必勝法は、自分の情報を相手に与えず、相手の情報だけを手に入れることです。したがって、自分からカーディーラーに行くのは最悪の方法です。ディーラーは手の内を見せることなく、あなたの情報をなんなく手に入れて、予算の上限までふっかけることができるからです。

ところで、ディーラーにいっさい情報を与えずに車を買うことなどできるのでしょうか。次のような方法を使えば、不可能が可能になります。

まず、車雑誌やインターネットで調べて、どの車を買うかを、装備も含めてあらかじめすべて決めておきます（ディーラーに相談してはいけません）。

次に、自分が住む地区のディーラーをできるだけたくさんリストアップします。そのうえで、順番にディーラーに電話をかけ、購入したい車種と装備の詳細を伝え、次のようにいいます。

「この条件でいくらなら売ってくれるのか、あなたの最低価格を教えてください。その価格を次に電話するディーラーに伝えて、すべてのディーラーのなかでもっとも安いところから購入します。なお、購入する場合はその金額にぴったりの現金しか持って行きません」

これでディーラーは、あなたの情報をなにひとつ知ることができないままに、最低価格を提示するほかなくなります。この戦略はゲーム理論的には完璧なので、ディーラーにあなたと駆け引きする余地はまったくないのです。

もっとも私は車を持っていないので、「ぜったい得する」この方法を試したことはありません。やるとなるとけっこう大変そうな気もしますが、試してみたい方はどうぞ。

参考文献：ブルース・ブエノ・デ・メスキータ『ゲーム理論で不幸な未来が変わる！』徳間書店

理想は常に現実の前に敗れていく

２０１３年11月22日から発売された年末ジャンボ宝くじの１等と前後賞を合わせた賞金が、これまでの６億円から７億円に引き上げられました。宝くじの売上げが２００５年度の約１兆１０００億円をピークに頭打ちになり、このままでは自治体に十分な分配ができなくなるというのが理由です。

とはいえ賞金額が引き上げられても、売上げの５割という胴元の法外な取り分を減らすわけではないので、必然的に当せん確率は低くなります。いまですら宝くじで１等が当たる確率は交通事故で死ぬ確率より低いのですから、まともに考えればこんなものは買うだけ無駄です。こうした批判を意識してか、賞金額を10分の１にする代わりに当せん確率を10倍にした「ジャンボミニ」も発売されましたが、売上増のためならなりふりかまっていられないという宝くじ関係者の気持ちが伝わってきます。

宝くじの売上げが低迷するのは、新興のサッカーくじ（スポーツ振興くじ）に追い上げられているからです。

そのサッカーくじは、東京五輪開催決定を受け、競技場新設とスポーツ振興の掛け声のもとに、1等7億5000万円、当せん者がいない場合のキャリーオーバーは最高15億円になることが決まりました。

日本の宝くじは期待値（当せん確率×当せん金）が5割未満で、世界でもっとも割の悪いギャンブルです。そのため経済学者はこれを「愚か者に課せられた税金」と呼んでいますが、この国では自治体関係者とスポーツ関係者が〝愚か者〟の財布を奪い合っているのです。

サッカーくじは13年11月から、Jリーグなどの国内リーグだけでなく、イングランド・プレミアリーグなど海外の試合にも賭けられるようになりました。これまでは3月から11月頃までしか発売できなかったものが、これによって通年販売が可能になり、売上げ1000億円を目指すのだそうです。

サッカーくじはファンが試合結果を予想して楽しむためのもので、ヨーロッパでは広く親しまれてきました。Jリーグが発足すると、「日本にサッカー文化を育成する」という大義名分でtotoの発売が開始されましたが、当初は売上げが伸びませんでした。

「試合結果を予想する」という仕組みが、一般の宝くじ愛好家にとってはただ面倒くさいだけだったからです。

そのためサッカーくじを運営する日本スポーツ振興センター（JSC）は、06年に1等当せん金の最高額を6億円に引き上げたBIGを発売します。BIGはtotoと違ってコンピュータがランダムに試合結果を予想するので、買い手はなにもする必要がないのが特徴です。

BIGによってサッカーくじの売上げは大きく伸びましたが、「サッカー文化の育成」という当初の理念はどうなったのでしょうか。サッカーが好きなひとはtotoを選ぶでしょうから、BIGを買うひとはJリーグにもヨーロッパサッカーにもなんの興味もなく、賞金額の大きさに射幸心を煽《あお》られているだけです。

宝くじの当せん金引き上げ競争は、いったんお金が入り既得権ができあがると、当初の高邁な理想などどうでもよくなることをよく示しています。もっとも〝被害者〟は愚か者だけなので、ほとんどのひとにとってはどうでもいいことでしょうが。

累進課税は才能への懲罰？

民主政治の本質はポピュリズムですが、それでもなんとかやっていけるのは、大衆受けのする政策はヒドい結果をもたらすだけ、ということが繰り返し証明されているからです。それも、日本だけでなく世界じゅうの国が同じような失敗をしているので、これを冷静に評価すると、なにをしてはいけないかがわかります。

フランスでは2012年5月、新自由主義的な改革を目指していたサルコジを破って、格差是正を掲げたオランドが大統領に就任しました。オランド政権は富裕層への所得税増税を選挙の公約にしていましたが、年収100万ユーロ（約1億1500万円）を超える個人の所得税率を40％から75％へと大幅に引き上げようとしたため大混乱を引き起こします。反発の大きさに驚いた新政権は増税を2年間の時限措置にすることで理解を得ようとしますが、高級ブランドを展開するモエヘネシー・ルイヴィトンの最高経営責任者（CEO）がベルギー国籍を申請するなど、富裕層の国外脱出が止まりません。

もっとも過激なのは、カンヌやヴェネチアの映画祭で男優賞に輝いたフランスを代表する映画俳優ジェラール・ドパルデューで、「フランス政府は成功を収めたひとや、才能があるひとを罰しようとしている」として、ロシアのプーチン大統領から直接パスポートを受け取ります。ドパルデューほどの有名人ならスイスやモナコの国籍を取得することも簡単でしょうから、これはオランド政権に対する強烈な皮肉です。

ヨーロッパの知識層の間では、19世紀の農奴制の頃からロシアはもっとも遅れた国として扱われてきました。冷戦の終焉でロシアは民主化しましたが、プーチン大統領は実質的な独裁者だと思われています。だからこそドパルデューは、オランド大統領に対して「プーチンのほうがずっとマシだ」といってみせたのです。

フランスは1789年のバスティーユ襲撃から始まる革命によって誕生した近代国家で、その国是は自由・平等・友愛の三色旗に象徴されています。ドパルデューの外国籍取得は税金逃れのように見えますが、その批判はより根源的で、「平等とはなにか？」を問いかけています。

そもそも近代の理念は、人種や国籍、宗教、性別にかかわらずすべてのひとは平等に人権を有しているというもので、近代国家には国民を無差別に平等に扱うことが求められます。だからこそ、極端な累進課税で一部の富裕層を「差別」することは建国の理念に反する、という批判が出てくるのです。

オランド政権は、経済格差という不平等を正すために、所得によって国民を「差別」します。ところがEUのような移動の自由な社会でこうした政策を強行すると、国外に脱出することで課税を免れようとするひとたちが出てきます。それも日本と違ってヨーロッパは地続きで、モナコはもちろん、隣国のベルギーやスイスの一部でもフランス語が使われています。

その結果、富裕層に対する懲罰的な課税は国外脱出を誘発するだけだとして、福祉国家として知られるスウェーデンは相続税を廃止してしまいました。こうした国が増えてくれば、富裕層に重税を課す国には貧乏人しか残りません。
改革とは一種の社会実験ですから、フランスにおけるポピュリズムの行方を見れば、日本で同じ失敗をする愚を犯さずに済みます。もっとも、日本の国民や政治家にそれを学習する能力があれば、の話ですが。

ガラパゴスじゃやっぱりダメだよ

歴史論争を見ればわかるように、世の中の論争の大半はなにが正しいのか決着をつけることができません。歴史文書が残っていても、事実が正確に記されているかどうかはわかりません。タイムマシンが発明され、過去に遡って事実を検証できるようになったとしても、それをどう解釈するかは（自分たちに都合のいい）イデオロギーで左右されるでしょう。

ところがそのなかで例外的に、白黒の決着がつく論争があります。「市場原理」が正しい者に富を与え、間違った者を市場から追い出すからです。

2007年頃に、日本市場で独自の「進化」を遂げた携帯電話の仕様が世界標準からかけ離れているとして〝ガラパゴス化〟と揶揄されました。それに対して一部の論者が、「ガラパゴスでいいじゃないか」と反論しました。「日本には日本のよさがあるのだから世界に合わせる必要はない」というのです。

その後、2008年にアップルの iPhone が発売されると、日本ではまずソフトバンクが独占販売し、それにauが続きました。そして13年9月、〝ガラケー〟の牙城だったドコモが iPhone 発売に舵《かじ》を切り、日本の携帯メーカーは存亡の危機に立たされています。すでにNECとパナソニックは個人用スマホから撤退を決め、「国内メーカーで生き残るのはソニーだけ」との予想も現実味を増してきました。

契約流出に苦しんでいたドコモは、iPhone 導入直前の2013年の夏商戦で、ソニーとサムスン電子の端末を積極販売する「ツートップ」戦略を採用しました。それに驚いた国内メーカーのなかには、「韓国企業の優遇がなぜ許されるのか」と経済産業省に直訴したところもあるといいます。なんとも情けないかぎりです。

もちろん日本にも素晴らしいものはたくさんあります。アジアの国々を旅してみれば、若者たちが日本のアニメやマンガに夢中になり、回転寿司やラーメン店に長蛇の列ができているのを見ることができます。当たり前の話ですが、ほんとうによいものは海外でも受け入れられるのです。

それに対してガラパゴス化した日本の携帯電話は、最初から「世界で戦う」ことをあきらめ、ドコモの傘の下で国内市場を分け合いながら生きていくことしか考えていませんでした。こんなに志が低いのでは、アップルやサムスンの「黒船」に蹴散らされるのも当たり前です。

警察庁の発表（2013年5月）によると、振り込め詐欺などの犯罪に使われるレンタル携帯電話の98％はドコモ製品でした。レンタル事業者のなかには不正利用を目的に携帯電話会社と法人契約を結ぶところもあり、ソフトバンクやauは、事業規模や従業員数に対して不自然に多い回線を求める事業者を拒否していました。ところがドコモは、登記簿だけで契約を結び、過去の料金支払いで延滞などがなければ契約数に上限を設けていなかったため、不正利用の温床になってしまったのです。「貧すれば鈍す」とはこのことです。

ガラパゴス化したひとたちの特徴は、「日本は特別だ」という肥大化した自我と、「世界では通用しない」という劣等感です。こうした錯覚をただすのはとても難しいのですが、市場は損得によってそれを見事になしとげることができるのです。

けっきょく、みんな損得で生きている

経済学においては、ひとの行動はインセンティブによって決まると考えます。インセンティブは「誘引」や「利潤動機」などと訳されますが、かんたんにいえば「得したい」とか「損したくない」という感情のことです。

インセンティブは、「ほめられたい」とか、「カノジョ（カレシ）から注目されたい」とか、日常生活のさまざまな場面で重要な役割を果たしますが、そのなかでも経済的なインセンティブは数値化が容易で、議論を数式で表わすことが可能です。壮大なマクロ経済学の体系も、もとをただせば、「同じアイスクリームなら150円より148円のほうがよく売れる」とか、「同じ仕事なら時給900円より910円のほうがたくさん応募があるはずだ」というような、誰もが知っている経験則からつくられているのです。

ところで、世の中には経済学が大嫌いなひとがたくさんいて、「みんな損得だけで行動している」という前提（合理的経済人）が根底から間違っている、と批判します。

商売では、損を覚悟で安く売る、という〝非合理的〟な行動がしばしば見られます。しかし経済学では、こうした親切は「相手と長期的な関係を築くための合理的戦略」として〝損得の体系〟に組み込まれてしまいます。そのことが、道徳や正義といったたいせつな価値をないがしろにするように思えるのです。

もちろん私たちは、日々の決断（選択）のすべてを損得で行なっているわけではありません。しかしその一方で、「得したい（損したくない）」という気持ちが決め手となった決断もたくさんあるでしょう。だったら私たちは、どの程度、経済的に合理的なのでしょうか。

官民格差の是正を目的に、国家公務員の退職金が段階的に約15％引き下げられることが決まったことで、各地の自治体が地方公務員の退職金を減らす条例を制定しはじめました。ところが、条例の施行日が自治体ごとに異なっていることから、一部の都道府県では3月の年度末まで在籍すると退職金が150万円程度減額されることになり、公立学校の教員や警察官の駆け込み退職が急増して社会問題になりました。

2013年2月1日に条例を施行した埼玉県では、100人以上の教員が同年3月の教え子の卒業を待たずに早期退職することが明らかになり、文部科学相が「自己都合で早期に辞めるのは決して許されない」と述べ、「(担任の教師が)子どもよりお金を選ぶとは。信じたくない」という小学生の母親の言葉が新聞に掲載されたりしました。また愛知県警では、3月に定年退職予定の289人のうち署長を含む142人が2月末に早期退職するとの意向を示し、業務への影響が心配されました。

地方公務員の退職金減額問題は巧まざる〝社会実験〟です。

教師は〝聖職〟とされ、警察官は「公共への奉仕」の象徴です。彼らはこれまで、誇りを持って公務員として働いてきたはずです。

そんな彼らが、「隣の県の公務員は満額の退職金を受け取れるのに、自分たちだけが損をする」というインセンティブにどのように反応したのかを見れば、結論は明らかでしょう。

「ひとは経済的な損得に基づいて合理的に行動する」という経済学は、たんなる空理空論ではなく、この社会で起きていることを上手に説明できるのです。

Part3

SOCIETY

社 会

9　ニッポンの暗部

体罰は日本型マネジメント

大阪の市立高校で、バスケットボール部の男子生徒が顧問教諭から体罰を受けて自殺したことが大きな社会問題になりました。

２０１１年には滋賀県の市立中学でいじめ自殺が起きましたが、日本では学校での自殺のほとんどが公立中学を舞台としています。ひとは誰もが生きたいという強烈な欲望を持っていますから、自ら死を選ぶのはどこにも逃げ場がない絶望の深さを示しています。

公立中学の生徒がいじめで自殺するのは、義務教育によって退学の自由がなく、また相手の生徒を退学させることもできず、いじめが未来永劫《えいごう》続くように感じられるからでしょう。高校になるといじめ自殺がほとんど起きない理由は、いじめられた生徒が転校や退学するハードルが下がることと、問題のある生徒を停学・退学処分にしやすいことで説明できます。現状をすこしでも改善できる希望があるのなら、誰も死のうとは思いません。

そう考えると、高校の部活動で自殺が起きるのは不可解です。死を考えるほど思い詰める前に、さっさと退部してしまえばいいからです。それでも今回のような事件が起きるのは、退部できないような強力なちからが部活動に働いているからにほかなりません。

マスメディアは顧問教諭の体罰を問題にしますが、かんたんに退部できる環境であれば、体罰を振るわれた部員はみんな辞めてしまうでしょうから、自殺のような重大な問題にはつながりません。逆にいえば、生徒を精神的な監禁状態に置くからこそ、体罰による指導が可能になるのです。

今回の事件では、強豪校の運動部が聖域になっていて、校長すら安易に口を挟めない実態も浮き彫りになりました。OBや父母のなかには、顧問教諭を「指導に熱心な先生」と擁護する声も多いといいます。「体罰＝悪」は社会常識ですが、運動部は一種の治外法権だという意識がそこからは感じられます。

ライバルを倒して勝ち上がるには、限界を超える過酷なトレーニングを課さなければなりません。そのためにもっとも効果的なのは、恐怖や暴力で生徒を洗脳し、指導者への絶対的服従とチームへの献身を叩き込むことでしょう。こうした洗脳が完成すると、退部は自己を全否定することになり、指導者や仲間の信頼を裏切るくらいなら死んだほうがマシだと思うようになります。

この問題の本質は、日本の組織の多くがこうした「体育会型マネジメント」で成り立っていることにあります。日本の会社が、自己責任で行動する近代的個人よりも上司の指示どおりに動く「体育会系」を好むのは周知の事実です。上司より先に部下が帰ることは許されず、サービス残業は当たり前で、パワハラによって上司が部下を精神的に支配することが「管理」と呼ばれます。

だからこそひとびとは、この問題を顧問教諭の体罰に矮小化《わいしょうか》し、その「指導」を擁護する声に耳をふさぎます。事件の背景を追及すれば、日本型組織に依存する自分自身が批判されることに気づいているからでしょう。

このようにして、個人への責任転嫁とバッシングで事件は風化していくのです。

学校の運動部はすべて廃止したらどうだろう

大阪の市立高校でバスケットボール部の男子生徒が自殺した事件の余波も収まらないうちに、こんどはロンドン五輪代表を含む柔道女子の選手が代表監督の暴力行為を日本オリンピック委員会（ＪＯＣ）に告発し、代表監督が辞任するという前代未聞の事件が起きました。

一連の体罰問題を受けてマスメディアは「暴力行為は許されない」と大合唱していますが、石原慎太郎日本維新の会共同代表（当時）を筆頭に、政治家や文化人のなかにも体罰肯定を公言するひとはいくらでもいます。彼らは「体罰は暴力ではない」といっているのですから、いくら暴力を否定しても話はすれ違うばかりです。

街頭インタビューなどでも、「体罰は許されない」との正論が多数派の一方で、「本人がきびしい指導を望むなら認めてもいい」という意見も多く、日本の社会に体罰容認の文化が深く根づいていることを示しています。

体罰容認派の主張は、「信頼や愛情に裏打ちされた体罰は子どもを成長させる」というものです。女子柔道の代表監督も記者会見で、「選手に乗り越えてほしいという思いから手を上げた」と述べています。私はこれを、日本の社会に典型的な「体育会系マネジメント」だと考えています。

「体育会系マネジメント」の基本は、あらかじめ閉鎖的な社会（ムラ）をつくっておいて、そこに生徒や選手を精神的に「監禁」することです。

運動部は学校単位なのでバスケを続けたければ体罰に耐えるしかありませんし、代表監督に逆らえば五輪代表はあきらめるほかありません。こうして逃げ場をなくしたうえで、愛情と暴力を交互に与えることで相手を服従させ、支配していくのは洗脳の典型的な手法で、カルト宗教だけでなく、日本では学校や会社でごく当たり前に行なわれています。

「体育会系マネジメント」は、集団を統率するうえできわめて強力な管理手法ですから、その信奉者が現われるのは当然です。運動部やオリンピックチームで体育会系マネジメントが好成績を収めているのなら、「暴力はよくない」と全否定してもなんの効果もありません。

石原氏とともに日本維新の会の共同代表を務めていた橋下徹大阪市長（当時）は、体罰自殺問題で市立高校体育科の入試中止と部活動の停止を指示しましたが、体罰が日本の文化から生まれてくるものならば特定の学校や教師に懲罰を加えたところでなにも解決しません。

体罰問題の本質は、学校別運動部という閉鎖社会にあります。これを抜本的に解決するには、すべての学校の運動部を廃止して、Jリーグの下部組織のようにスポーツは地域のクラブが担うようにするしかありません。

子どもに選択の自由が与えられているのなら、「きびしくも愛情あふれる指導」を売りものにするクラブがあってもいいでしょう。体罰がたんなる指導者の自己満足だと思えば、子どもたちは別のクラブに移っていくだけです。

そのうえで優秀なスポーツ指導者が、「体育会系マネジメント」でなくても勝てるチームはつくれるし、金メダルを取る選手を育てられることを事実として示さないかぎり、この国の「体罰神話」はなくならないでしょう。

若者言葉はなぜ体育会化するのか？

「近頃の若い者は……」と説教するオヤジにはなりたくないのですが、それでも気になるのは「ありがとうございます」の多用です。近頃の若者は職場やバイト先で、上司からなにかいわれるたびに「ありがとうございます」とこたえているようです。

「そこはＥｘｃｅｌの集計機能を使えばいいよ」
「ありがとうございます」
「明日は早いから今日はこれで終わりにしましょう」
「ありがとうございます」

いずれも間違いとはいえませんが、もっとシンプルな返答があります。私たちの世代は（といういい方をしてしまいますが）、最初の例では「わかりました」、２番目の例では「そうですね」とこたえて、「ありがとうございます」とはいわなかったでしょう。

言葉は時代とともに変化しますが、「ありがとうございます」が若者の間でインフレ化するのは何を意味しているのでしょうか。

私がこの用法に違和感を持つのは、それが明らかに体育会言葉だからです。私が学生の頃も、運動部では顧問や先輩の叱責に、バカのひとつ覚えのように「ありがとうございます」と叫んでいました。「わかりました」や「そうですね」などといおうものなら、「タメ口きいてんじゃねえ」と鉄拳が飛んできたでしょう。もともとこれは、指導者と部員、先輩と後輩という上下関係（権力関係）を徹底させるための言葉遣いだったのです。

当時の体育会は、〝前近代的で遅れた社会集団〟とされていました。偏見もあるでしょうが、多数派の軟派な学生が「ありがとうございます」のようないい方を嫌ったのは、「あんなのといっしょにされたらカッコ悪い」と思っていたからです。親切にされてお礼をいうのは当然ですが、会社での業務上の連絡にまで「ありがとうございます」を連発するのでは、自分が劣位にあると認めているようなものです。

近代的な人間関係の原則は〝ひとはみな平等〟です。会社において上司が部下に命令するのは職階が高いからで、人格的に優れているからではありません。だからこそ欧米では、会社を離れれば上司と部下は対等だし、お互いにニックネームでタメ口をきくのです（建前の要素は多分にありますが）。

アメリカの会社で上司が先のようなことをいったら、「なるほど。クールですね」「超ラッキー！」というような会話になるでしょう。よくも悪くも、職場はかぎりなくカジュアル化、フラット化しています。

それに対してなぜか日本では、若者たちの言葉遣いが「体育会化」する一方です。「よろしかったでしょうか」などの現代口語と同様に、丁寧語や謙譲語が過剰になるのは人間関係でリスクを避けるためなのでしょう。「ありがとうございます」といわれて、怒り出すひとはいません。

それでも私は古い人間なので、「べつに礼をいわれるようなことはしてないよ」と思ってしまうのです。

〝裏切り者探し〟ほど楽しいゲームはない

かんたんなクイズです。

「テーブルの上にA、K、4、7と書かれた4枚のカードが置かれています。カードの裏にも、同じようにアルファベットと数字が書かれています。このとき、〝母音の裏には必ず偶数がある〟というルールが成り立っているかどうかを確かめてください。ただし、カードは2枚しかめくれません」

この問題は、論理学の対偶を知っているとすぐに解けます。〝PならばQである〟という肯定式と、その対偶である〝Qでないならば P でない〟という否定式は常に真偽が等しいはずです。「表が母音なら裏は偶数」の対偶は、「表が偶数でないなら裏は母音ではない」すなわち「表が奇数なら裏は子音」ですから、母音の〝A〟で肯定式を、奇数の〝7〟で否定式を調べてみればいいのです。

では次のクイズです。

「あなたは居酒屋の店員で、4人の若者がビールとコーラを飲んでいます。若者は胸に番号札をつけていて、あなたは手元の名簿で彼らの年齢を知ることができます。このとき、店長から〝未成年者に酒を飲ませてはいけない〟といわれたらあなたはどうしますか?」

これは、すこし考えれば誰でも正解にたどり着けるでしょう。ビールを飲んでいる客が成人しているかどうかを調べ、名簿にある未成年がなにを飲んでいるかを確認すればいいのです。コーラを飲んでいる客の年齢を調べたり、成人している客の飲み物をチェックしてもなんの意味もありません。

ところでこの2つは、実はまったく同じ問題です。〝ビールを飲んでいいのは20歳以上だけ〟という肯定式の対偶は、〝20歳未満ならビールを飲んではならない〟という否定式ですから、ビールを飲んでいる客の年齢と、20歳未満の客の飲み物を調べればいいのです。

しかし「居酒屋問題」に即答できるひとも、抽象度の高いクイズには戸惑います。これは私たちが、同じ問題を別の方法で解こうとしているからです。

「居酒屋問題」は、〝ビールを飲んでいいのは20歳以上だけ〟という掟があり、それに違反している者を見つけるというゲームです。私たちは論理学や対偶などなにひとつ知らなくても、このような「裏切り者」をたちまちのうちに探し出すことができます。

ヒトは石器時代からずっと集団のなかで暮らしてきました。利己的な人間が集まる集団に秩序をもたらすためには、ルールに違反した裏切り者を素早く見つけて処罰しなければなりません。このようにして脳は、進化の過程のなかで〝裏切り者感知システム〟を高度化させてきたのです。

道徳というのは正義をめぐる感情で、喜びや悲しみと同様に進化のなかでつくられてきました。私たちは集団のなかから裏切り者を探し出し、バッシングするのが大好きです。この社会で起きる不愉快な出来事の多くは、多数派の大衆がこれを〝正義〟の名において行なうことが原因ですが、ヒトがヒトであるかぎり私たちはこのやっかいな性癖から逃れることはできないのでしょう。

原発事故処理問題と不毛な「正義」

ほとんどのひとは、世の中には解決不可能な問題があることを知っています。しかしいったん当事者になると、それを認めることは容易ではありません。

福島第一原発事故で放射能に汚染された土地を、国は年間1ミリシーベルト以下まで除染し、被災者がふるさとに帰還できるようにするとの目標を掲げています。

除染というのは、放射線量の高い土地の表皮を物理的に除去することです。しかし、仮に平野部の除染ができたとしても、近隣の山から放射性物質が風で飛ばされてきますから、すぐにまた線量が上がってしまいます。

汚染された表土をはげば、それが放射性廃棄物になります。これらはいったん各市町村の仮置き場に預けられ、中間貯蔵施設に集められてから最終処分場に運ばれることになっています。しかし現実には、最終処分場はもちろん、中間貯蔵施設すら目処《めど》がたっておらず、大量の汚染土が仮置き場に野積みされています。

当時の民主党政権は30年以内に最終処分場を福島県外につくると決めましたが、現在の除染のやり方では放射性廃棄物の量は膨大になり、受け入れる自治体が出てくるとは思えません。原発事故で帰還困難区域・居住制限区域に指定されている福島県の大熊町と双葉町が中間貯蔵施設の建設候補地とされましたが、地元で強い反対の声があるのは、そのままなし崩し的に最終処分場にされると思っているからです。

中間貯蔵施設が決まらなければ、汚染土は仮置き場に放置されるのですから、こんどは仮置き場の新設や増設への反対運動が起こります。仮置き場がなければ放射性廃棄物を持っていく場所がないのですから、適当に違法投棄するしかなくなります。こうして、刈った草や集めた落ち葉を川に流す手抜き除染が問題になりました。

こうした不祥事が起きるのは、放射性廃棄物を処分する工程が決まらないからです。本来であれば、まずは最終処分場の場所を確定しなければならないのですが、そこを曖昧にしたままなので中間貯蔵施設がつくれず、その結果仮置き場が足りなくなり、手抜き除染が日常的に行なわれる悪循環に陥ってしまうのです。

放射線による被曝《ひばく》の影響は専門家の間でも見解が分かれますが、福島県内の広範な汚染地域のすべてを年間1ミリシーベルト以下にまで除染するのが非現実的だということでは意見が一致しています。除染のための巨額の予算はゼネコンなどの事業者に渡りますが、それなら被災者への賠償に充てたほうがいいとの主張にも説得力があります。違法投棄を行なう事業者を道徳的に非難するだけではなんの意味もないのです。

ところが本質的な議論をしようとすると、放射能の安全基準や最終処分場のやっかいな問題を避けて通ることはできず、除染費用の負担を電気料金の値上げで賄うのか、税金を投入するのかも決めなければなりません。これらはいずれもタブーとされていて、世論の強い反発を覚悟しなければ議題に載せられません。

このようにして、原発事故の後始末を論じるメディアは事実から目を逸《そ》らし、気分よく「正義」を振りかざすことを選ぶのです。

反原発派こそが似非科学を批判すべきだ

人気マンガ『美味《おい》しんぼ』の主人公・山岡士郎は、福島第一原発を訪れた後に鼻血を流します。実名で登場する被災地の前町長は、「私が思うに、福島に鼻血が出たり、ひどい疲労感で苦しむ人が大勢いるのは、被ばくしたからですよ」と断言します。個人的な感想をもとに「福島にはもう住めない」というのですから、風評被害との抗議が殺到するのは当たり前です。

この騒動については、「表現の自由」として擁護する声もあります。これをどう考えればいいのでしょうか。

前提として、私たちの社会ではあらゆる主張に科学的データが求められるわけではありません。

「ふくらはぎをもめば長生きできる」という内容の本が売れていますが、こうした健康本の多くはその効果が医学的に証明されているわけではありません。それでも社会問題にならないのは、みんなが1日5分ふくらはぎをもむようになってもさしたる悪影響がないからでしょう。

厚生労働省は薬事法によって、投薬などの効果を宣伝に使うことをきびしく制限しています。臨床実験もなく製薬会社が「がんの特効薬」を売り出せば大問題になりますが、その一方で、「キノコを食べたらがんが治った」というような情報が巷《ちまた》に溢れています。なぜこれが許されるかというと、それが（すくなくとも）体験的事実で、個人の体験を述べることは自由だからです。

キノコを食べたあとにがん細胞が消えたとしても、そこに因果関係があるかどうかを知るには膨大な実験が必要です。そんなことは個人には不可能ですから、厳密な証明を要求すると、私的な体験を公表することまで禁じてしまうのです。

しかしこれは、体験に基づけばどのような一般化も許される、ということではありません。

借金を踏み倒された相手がたまたまユダヤ人だったとしても、「すべてのユダヤ人はウソつきだ」と差別する理由にならないのはいうまでもありません。〝キノコでがんが治った〟ことを理由に「抗がん剤はいますぐやめなさい」と煽れば、それを信じた患者が適切な治療を放棄するかもしれません。そう考えれば、表現の自由にも社会的な許容範囲があることがわかります。

福島第一原発の事故現場では1日4000人もの作業員が復旧作業に従事しています。福島の住人に被曝による鼻血の症状が出ているのなら、放射線量の高い場所で作業する彼らの被害ははるかに深刻なはずですが、そのような事実は報じられていません。こうした明らかな矛盾に反論できなければ、似非《えせ》科学といわれても仕方ないでしょう。

今回の事件で気になるのは、「国や東京電力を批判するためなら多少の行き過ぎも許される」という論調が一部にあることです。しかしこんなことでは、原発に反対する主張はすべて似非科学と見なされてしまいます。

『美味しんぼ』の描写は政府関係者をはじめ、原発推進の側から強く批判されています。それだからこそ反原発派は、動機を理由に似非科学を擁護するのではなく、より徹底して批判しなければならないのです。

「表現の自由」でエイズの似非科学を擁護した代償

「自分に甘く他人に厳しい」というのは人間の本性でしょうが、それが目に余るのは似非科学を振りかざすひとたちです。

彼らはまず、相手に対して厳密な証明を求め、すこしのミスも許しません。そして、自分の主張が非科学的だと批判されると「表現の自由」だと言い張ります。

似非科学が流布する背景には、それを支持する知識人（と呼ばれるひとたち）がいます。彼らは、あらゆる意見には発言の場が与えられるべきであり、国家権力がそれを制限するのは不当だといいます。

これは一見、正論のようですが、だとしたら「朝鮮人を殺せ」と叫ぶ集団の表現の自由も命がけで守らなければなりません。しかし彼らは、そんなことをする気はまったくないでしょう。「表現の自由」は、自分の気に入った意見にだけ適用されるのです。

マンガ『美味しんぼ』では、福島第一原発を取材した主人公の鼻血と放射能の関係が問題になりました。マンガを掲載した編集部は「ご批判とご意見」と題した特集を掲載しましたが、そこに似非科学擁護の典型を見ることができます。

長年、反原発の活動を続けてきた原子核工学の専門家は、「私は医者でも生物学者でもない」と断わりつつ、「現在までの科学的な知見では立証できないことであっても、可能性がないとは言えません」と述べます。また疫学の専門家は、「（放射線と鼻血の間に）『因果関係がある』という証明はあっても、『因果関係がない』という証明はされていません」として、福島の風評被害は『美味しんぼ』問題を過剰に煽ったせいだといいます。

こうした少数の擁護派を探してきて、「福島県内で被曝を原因とする鼻出血（鼻血）

が起こることは絶対にありません」（放射線防護学の専門家）という正論（科学の常識）と並べれば、賛否両論を公平に扱っているように見えて「非科学的」との批判をごまかせるのです。

〃トンデモ科学〃はエンタテインメントとして楽しめますが、専門家（らしきひと）が似非科学を擁護するようになると被害はとめどもなく拡大します。

アメリカでは、「エイズの原因はＨＩＶウイルスではない」という似非科学が問題になっています。その中心にいるのはトンデモ科学者ではなく、がん遺伝子の研究で大きな成果をあげ、米国科学アカデミー会員に選ばれた超一流の分子生物学者です。「エイズはドラッグの使用や貧困が原因だ」という彼の説は専門家にはまったく相手にされませんが、「異説を述べるのは表現の自由だ」と（自称）知識人が擁護し、「エイズはゲイや黒人を絶滅させるためにつくられた」という陰謀論と融合して広まっていきます。

エイズ否認主義に共感したのが南アフリカのムベキ元大統領で、在任当時の２０００年、大統領エイズ諮問委員会に否認主義の学者を加えて、ＨＩＶウイルス説と「公平に」扱いました。その結果、南アフリカ政府の保健相は抗レトロウイルス薬を毒物だとしてエイズ患者の治療に使うことを許可せず、似非科学がエイズ治療薬とするビタミン剤を勧めました。ムベキ元大統領がエイズ否認主義に傾斜したのは無知だからではなく、「エイズはアフリカへの偏見だ」という（彼の考える）正義に合致していたからです。

南アフリカでは、1日にほぼ800人がエイズで死亡し、1000人が新たにHIVに感染し、産婦人科を訪れた妊婦の約3割がHIV検査で陽性と診断されているといいます。これが、表現の自由を守って似非科学を擁護した代償なのです。

参考文献：セス・C・カリッチマン『エイズを弄ぶ人々』化学同人

フクシマの悲劇を正しく語り継ぐのは難しい

足元にある深いプールの底に四角い影が漂っています。まわりでは全面マスクに白の防護服を着た作業員が忙しく立ち働いています。ここは福島第一原発4号機で、私が眺めていたのは使用済核燃料を納めたラックでした。プールには1500体を超える大量の使用済核燃料が保管されていて、2014年3月現在、その移送作業が行なわれていたのです。

2011年3月11日の東日本大震災で巨大な津波が原発を襲い、運転中だった1号機、2号機、3号機が電源機能を喪失、次々とメルトダウンを起こします。その間、定期点検で原子炉が稼働していなかった4号機のことは誰も気にしていませんでしたが、3月

15日の夜に突然、壁の一部が崩落して火災が起きていることが発覚します。

この火災について米国の専門家が、地震によって燃料プールが破壊され、使用済核燃料が露出して崩壊熱を発しているのだと主張しました。1500体もの核燃料が一挙に崩壊すれば膨大な放射性物質が飛散し、首都圏にもひとが住めなくなるという警告に日本じゅうがパニックに陥ります。しかしその後、幸いなことに、4号機のプールに水が残っていることが確認され「日本壊滅」は免れたのです。

その4号機は燃料取り出し用のカバー鉄骨が組まれ、すでに400体の核燃料を回収し、2014年末までに作業を終える予定だといいます。震災後3年経って、その作業を私のような門外漢が見学できるようになったことだけでも感慨深いものがあります。

1日平均400トンの地下水が流入する汚染水問題はあいかわらず深刻ですが、トラブルが続いていたALPS（多核種除去設備）がようやく継続運転できるようになり、水漏れしにくい溶接型タンクの増設も急ピッチで進んでいます。原子炉の底に溶け出した核燃料の取り出しには技術的な難問が山積しているものの、炉内の状況は冷温停止で安定しています。隣接する3号機でも、建屋の爆発によってプールに沈んだ大量のがれきを撤去する作業が始まっていました。

こうした説明を、「原発再稼働を目論《もくろ》む東電の陰謀」と一蹴するひとはいるでしょう。もちろん東電は親切で私に現場を見せてくれたのではなく、都合の悪いことを隠しているのかもしれませんが、ここでいいたいのは別のことです。「フクシマ」を「ヒロシマ」と並ぶ人類の愚かさが生んだ悲劇と見なすひとは、原発事故の恐ろしさと放射能の恐怖を歴史に刻み込むべきだといいます。悲劇は大きければ大きいほど〝人類への教訓〟になるのですから、廃炉作業や汚染水対策がそうかんたんに成功してはならないのです。

悲劇の規模が物語のなかで増殖していくのはよくあることですが、それにも理由はあります。被災者に家族や友人でもいないかぎり、ほとんどのひとはもう原発事故に大きな関心を持っていません。そんな彼らが東電の説明を聞けば、「思っていたよりうまくいってるんだ。だったらどうでもいいや」と思うだけでしょう。

福島第一原発では現在、4000人もの作業員が放射線に被曝しながら困難な作業に従事しています。私たちはこのひとたちの仕事を正当に評価し、激励すべきですが、皮肉なことに、彼らが頑張れば頑張るほど彼らの存在は忘れられていくのです。

かくいう私も、窮屈な全面マスクで事故現場を訪れてみてはじめてこのことに気づきました。悲劇を正しく語り継ぐことは、これほどまでに難しいのです。

10 腐った楽園

〝芸術〟という腐った楽園

スクープは大きく2つに分けられます。ひとつは、これまで一般に知られていなかった秘密を暴くもの。もうひとつは、誰もが当たり前だと思っていたことに対して、「それはルール違反だ」と指摘するものです。公募美術展「日展」の書道部門で、入選数を有力会派に事前分配していたという朝日新聞のスクープは後者の典型でしょう。

日本の美術界は芸術院会員を頂点とするピラミッド組織で、弟子は階級が上がるほど上納金が増え、「日展に入選するには審査員に心づけを渡し、作品を購入しなければならない」というのが常識でした。これは茶道などの家元制度を持ち込んだものでしょうが、「公募」をうたっていながら、有力会派に属していなければ入選できないというのでは、不正審査といわれても仕方ありません。報道を受けて日展は、日本画や洋画を含む全部門で最高賞の選考を中止することを決めました。

こうした問題が起きるのは、日展だけでなく日本の美術界そのものが歪んでいるからです。その根本的な原因は、「芸術」の社会的な地位が大きく低下したことでしょう――かんたんにいうと、芸術では食べていけなくなったのです。

芸術院会員というのは、その世界では神様のように扱われるようですが、名前を知っているひとはほとんどいないでしょう（私も知りません）。日本画や洋画の〝大家〟は、たくさんの肩書きを持っていても社会的には無名なのです。

その一方で、「芸術」に憧れるひとたちはいつの時代も一定数います。退職後に趣味で書を始めたひとは、せめていちどくらい日展に入選したいと思うでしょう。そして有力な会派に入り、審査員をしている〝先生〟の指導を受け、さまざまな名目で謝礼を払います。日展というのは、芸術では食べられなくなった芸術家の集金システムなのです。

こうした商売の仕組みは、美術学校も同じです。美大やその受験予備校は、芸術に憧れる生徒から高い授業料をとって、そのお金を仲間内で分配します。生徒の学費は、芸術に夢を託した親が払います。美術学校の教員が売っているのは〝芸術という幻想〟で、日本国内では一流とされる美大の教授でも世界の美術界ではまったくの無名です。

日本の美術業界のこうした構造を歯に衣《きぬ》着せずに批判したのが現代美術の村上隆《たかし》氏で、「エセ左翼的で現実離れしたファンタジックな芸術論を語りあうだけで死んでいける腐った楽園」と形容しました（『芸術起業論』幻冬舎）。「芸術家とは芸術によってカネを稼げる人間のことだ」とする村上氏が、日本の美術界で嫌われるのも当然です。

日展は、「内閣総理大臣賞」のような国家の権威を利用して大規模なビジネスを行なってきました。師弟関係で部外者を排除し、受賞歴によって階級が上がっていくムラ社会にあるのは、仲間内の自己満足（マスターベーション）だけです。

開かれた世界（市場）との回路を閉じてタコツボ化した組織は、必然的に腐っていきます。その気になって探してみれば、あなたのまわりにも同じように「腐った楽園」がいくらでも見つかるでしょう。

そもそもメニューを信じるほうがおかしい

２０１３年10月、食材偽装問題で阪急阪神ホテルズの社長が辞任を表明しました。当初は勘違いによる誤表示と説明していたものの、再調査によって従業員が虚偽表示と認識していたケースが見つかったのが理由です。

トビコ（トビウオの卵）をレッドキャビア（マスの卵）、体長２００ミリを超えるバナメイエビを１５０ミリほどの芝エビと表示するなど、当初から「プロの料理人が間違えるはずはない」との疑問の声が出ていました。ホテル側の再調査は、食材の偽装表示が確信犯であったことを示しています。

この問題を受けて、ホテル側はメニューを正しい表示に変更しました。「鮮魚と六甲山ホテル自家製菜園野菜の天婦羅」が「海の幸と季節の野菜の天婦羅」に変わり、「レトワール風オードブル　ホテル菜園の無農薬サラダを添えて」がたんなる「レトワール風オードブル」になったのは、一部の魚が冷凍もので、菜園の野菜だけでは間に合わないときに市販のものを使用していたからだそうです。

変更前と変更後のメニューを見比べると、なぜ食材を偽装せざるを得なかったのかがよくわかります。「海の幸と季節の野菜の天婦羅」では近所の定食屋のようです。「レトワール風オードブル」はたんに店の名前を冠しただけですから、なんの説明にもなっていません。これでは高いお金を払っても、なんの有り難味もないのです。

世の中に食通を自慢するひとはたくさんいますが、私たちの味覚はけっこういい加減で、微妙な味の違いを判別することはできません。フランスワインの大がかりな偽装事件では、チリやアルゼンチンから安価な新世界ワインを仕入れ、ボルドーやブルゴーニュの有名シャトーのラベルをボトルに貼って大儲けしていた事件の主犯が、裁判の席で「ボルドーワインと新世界ワインの違いなんて誰にもわからない」と証言してしまいました。ソムリエはワインの味ではなくラベルによってグレードを評価していたのです。

一人数万円もする料理は、ミシュランの星のようなブランドと豪華な雰囲気、アワビやフォアグラなどの高級食材で正当化されます。とはいえ食材が高いのは稀少だからで、それが必ずしも美味しいとは限りません。秋に高級日本料理店に行くと、松茸《まつたけ》の吸い物、松茸の天婦羅、松茸ご飯などが次々と出てきますが、安くて美味しいキノコはほかにいくらでもあります。

プロの料理人は誰でも、味覚がイメージによって操作できることを知っています。そこでもっとも安価で効果的な方法として、「メニューを美味しそうに書く」ということが広まっていったのでしょう。

こうした戦略は軍拡競争と同じで、歯止めがきかないという特徴があります。いまでは居酒屋ですら、食材の産地や無農薬をアピールするようになりました。だったら高級レストランは、価格に見合ったより満足度の高いメニューをつくらなければなりません。

こうしてメニューの書き換えが日常化していったのだとすると、今回のトラブルが必然だったことがわかります。連日のように同様の食材偽装が明らかになっていますが、こんなことは当たり前で、「そもそもメニューを信用するほうが間違っている」ということなのでしょう。

「日本のベートーヴェン」は自分マーケティングの天才

「日本のベートーヴェン」と呼ばれた全聾の人気作曲家が、すべての曲をゴーストライターにつくらせていたという驚愕の事実が日本じゅうに衝撃を与えました。

ネット上に掲載されていたプロフィールによれば、4歳から母親の厳格な英才教育でピアノを学び、5歳でソナチネを作曲し、小学校4年生でベートーヴェンを弾きこなす神童だったといいます。その後の人生も凄絶《せいぜつ》で、17歳で原因不明の聴覚障害を発症し、上京して作曲家を目指したが失職して路上生活者となり、ロック歌手としてデビューしたもののバンドは解散、道路清掃のアルバイトで生計を立てていたところ、33歳のときに映画音楽の仕事が舞い込んできます。この映画は「HIVに感染した少女が周囲の差別と偏見と戦いながら強く生きていく姿を綴《つづ》った青春ドラマ」ということなので、聴覚障害の〝自称〟作曲家を起用することになったのでしょう。

ゴーストライターの証言によれば、この最初の作品から〝偽装〟が始まり、絶対音感を持つとされる本人がつくった曲は1曲もなく、ピアノは初歩的なものが弾けるだけで譜面すら書けないとのことです。打ち合わせではごくふつうに会話し、録音されたモチーフを聞いて曲づくりを指示したというのですから、全聾というのもウソだったようです。

もっとも有名な『交響曲1番』は「全盲の少女から霊感を得てつくられた」もので、自身が被爆二世だとして、平和への祈りをこめて『HIROSHIMA』と名づけられました。この〝美談〟をNHKが大きく取り上げて一躍有名になり、マスコミが祭り上げた結果、広島で行なわれた「G8サミット記念コンサート」で演奏され、広島市民賞を受賞します（事件によって取消し）。すべてが明らかになってから振り返れば、荒唐《こうとう》無稽《むけい》な人生も、都合のよすぎる偶然も、典型的な虚言癖ということなのでしょう。

人並み以上の野心だけはある若者が社会の最底辺から抜け出し、スポットライトを浴びるために思いついたのは差別を利用することでした。彼にとって幸運（もしくは不運）だったのは、才能のあるゴーストライターと出会ったことでしょう。無名の現代音楽の作曲家がアルバイト感覚でつくった大衆受けするクラシックは、〝障害〟と〝被爆者〟という魔法の言葉によって「奇跡の大シンフォニー」へと変貌したのです。

5万円の懐石料理、50万円のブランドバッグ、500万円の高級時計というのは、原価からはあり得ない値段です。たんなる革製品にロゴがつくだけで値段が10倍になるのは、その背後にある物語（というか幻想）に付加価値があるからです。その物語は広く知られているので、ブランドを持つと周囲の評価が高まります。ひとびとがブランドを好むのは、お金で社会的な評判を買えるからです。

凡庸な楽曲を美談で飾り立てると名曲に変わるのもこれと同じです。消費社会では、モノではなく物語が消費されます。ほとんどのひとはクラシック音楽に興味があるわけではなく、手っ取り早く感動を手に入れたいのです。

「日本のベートーヴェン」は、〝障害〟や〝被爆者〟でマスコミを踊らせれば、音楽的な才能がなくても大きな成功を手に入れられることを実証しました。その意味で彼は、〝自分マーケティング〟の天才だったのです。

「ゴーストライターのことはみんな知ってる」って本当？

「日本のベートーヴェン」の曲を別人が作曲していた問題で、ゴーストライターの存在が議論を呼びました。出版界では代作者を使って本を出すことが慣行になっていますが、「作曲家のゴーストライターがあれだけ批判されるのなら、出版物も同じではないのか」というのです。

もちろん、芥川賞や直木賞の受賞作を他人が書いていたら社会的な事件です。ゴーストライターを使うのは芸能人やスポーツ選手のような文筆を生業にしているわけではないひとや、多忙な企業経営者など執筆時間のないひとですから、今回の事件と同列に語ることはできません。その意味でゴーストライターが社会的に容認されてきたのは確かでしょうが、「そんなこと（芸能人やスポーツ選手がゴーストライターを使っていること）は誰でも知っている」という擁護論には違和感があります。

こうした主張は、「プロレスが真剣勝負でないことは誰でも知っている」というのに似ています。力道山の時代はもちろん、ジャイアント馬場やアントニオ猪木の全盛期も、プロレスラーは真剣勝負をしているとみんな信じていました。しかし徐々にプロレスが「筋書きのある格闘技」だということが広まり、1990年代になるとプロレスを芸能の一種として、レスラーが〝筋書き〟をいかに上手く演じたかが批評されるようになりました。

しかしこうした〝おたく的〟プロレス論の隆盛とは裏腹にプロレスは衰退し、K-1のようなシュート（真剣勝負）が主流になっていきます。誰もがやらせだと知っていたわけではなく、プロレス人気は「真剣勝負であってほしい」と願うファンに支えられていたのです。だとしたら、「本人が書いたと思っている読者なんて一人もいない」といって済ませていいのでしょうか。

問題はそれだけではありません。

芸能人やスポーツ選手の本のほとんどがゴーストライターの手によるものだとしても、なかには自分で文章を綴るひともいるでしょう。しかしいまのままでは、そうした努力も有象無象の〝ゴーストライター本〟と一緒にされてしまいます。擁護論には、「芸能人やスポーツ選手に本なんか書けるわけがない」という傲慢さが見え隠れしています。

この問題を解決するのはかんたんで、すでに一部の本で行なわれているように、〝ゴースト〟をやめてちゃんとライターの名前をクレジットすればいいだけです。出版社が代作者を用意してまで本を出したいひとは、本人の実績や経験、生き方に読者が魅力を感じているのですから、本来であれば自分で書いたかどうかは商品価値に影響しないはずです。それでも〝ゴースト〟のままにしておくのは、「執筆」という幻想を残しておいたほうが商売に有利だと関係者が思っているからでしょう。こうした下心があるのなら〝偽装〟と批判されても文句はいえません。

ゴーストライターを表に出せば彼らの仕事が認知され、優秀なライターに仕事が集まって正当な報酬が支払われるようになるでしょう。それ以上に大事なのは、〝自分で書いた〟ことがちゃんと評価されることです。私にはこれでなんの不都合もないと思えますが、なぜこの悪弊を改めることができないのでしょうか。

〝大誤報〟なんてぜんぜん珍しくない

２０１２年10月、山中伸弥京都大学教授のノーベル生理学・医学賞受賞に日本じゅうが沸《わ》くなかで、ｉＰＳ細胞（人工多能性幹細胞）を使った世界初の臨床実験の〝大誤報〟がたいへんな騒ぎになりました。しかし、マスメディアの誤報というのはそんなに珍しいものなのでしょうか。

そんなことを考えていて思い出したのが、２００９年１月に世を騒がせた「かんぽの宿」問題です。かんぽの宿は簡易保険加入者のための宿泊施設ですが、赤字経営の恒常化で小泉—竹中時代の郵政民営化で売却対象とされ、日本郵政の西川善文初代社長（元三井住友銀行頭取）のときに、土地・建物と従業員の雇用継続込みでオリックス不動産に１０９億円で事業譲渡されることが決まります。

しかしその後、当時の麻生内閣の鳩山邦夫総務大臣が、「２４００億円もかけて取得した施設を１０９億円で売るのはおかしい」といい出し、それを機に、当時、総合規制改革会議議長だった宮内義彦オリックスグループＣＥＯに国の大切な資産を安売りしようとしている、という批判が新聞やテレビ、週刊誌で連日のように報道されます。それを受けて、野党だった民主党の原口一博議員らが西川日本郵政社長を特別背任未遂などの容疑で東京地検に刑事告発しました。

当時の大騒ぎは覚えているかもしれませんが、この〝大問題〟がその後、どのようになったのかを気にするひとはほとんどいません。

日本郵政は批判を受けて、弁護士、公認会計士、不動産鑑定士からなる第三者委員会を設置し、かんぽの宿の譲渡契約を再検討しました。第三者委員会は４カ月で報告をまとめ、かんぽの宿の譲渡になんら不正な点がなかったことを明らかにします。

かんぽの宿を一括売却せざるを得なかったのは従業員の雇用を優先したためで、売却価格が１０９億円なのはそれだけの価値しかない物件だったのであり、オリックス不動産に譲渡されることになったのは入札でもっとも高い価格を提示したからでした。鳩山総務大臣らの批判には、なんの根拠もなかったのです。

民主党の国会議員の刑事告発はというと、2011年3月に東京地検特捜部は、「売却条件にもっとも近い条件を提示したのがオリックス不動産で、任務に反したとはいえない」として不起訴（嫌疑なし）とします。原口議員は前年9月まで日本郵政を管轄する総務大臣の職にあり、無実のひとを犯罪者に仕立て上げようとした行為はきわめて責任重大ですが、ほとんど話題にもなりませんでした。

第三者委員会の調査と東京地検の不起訴によって、「かんぽの宿」問題が政治的なでっち上げであったことが明らかになりました。おかしな大臣によるデタラメな発言によって日本じゅうのメディアが大誤報を連発したわけですが、いまだに一行の訂正もされていません。だとしたら、おかしな研究者がデタラメな実験をしたとしても、たいしたことではないでしょう。

〝大誤報〟をした新聞社は、3行ほどの訂正記事を出しておけば十分だったのです。

すべてのメディアは捏造装置

STAP細胞（刺激惹起性獲得細胞／万能細胞）はどんな組織にも変化できる機能を

持った多能性細胞の一種で、ｉＰＳ細胞などと比べてつくり方が圧倒的に簡単で、再生医療を劇的に発展させると期待されていました。この〝ノーベル賞級の発見〟を割烹着《かっぽうぎ》姿の31歳の小保方晴子《おぼかたはるこ》さんが主導したことでマスコミの大騒ぎが始まりましたが、その後、論文自体の信憑性《しんぴょうせい》を疑わせるさまざまな疑惑が噴出して事態は混迷していきます。

この問題の本質が、「そもそもＳＴＡＰ細胞は存在するのか？」だということは誰でもわかります。

小保方さんは２００回以上ＳＴＡＰ細胞を作製したと述べていますが、それには「言葉では伝えにくいコツ」があり、本来、つくりやすいはずなのに他の研究者は誰ひとり追試に成功していません。しかしだからといって論文自体を捏造《ねつぞう》と決めつけることはできず、写真の転用についてもそれがたんなるミスなのか、意図的なのかを素人が判断するのは不可能です。

「日本のベートーヴェン」は、野心を抱きながらも挫折を繰り返してきた男が、才能はあるもののずっと音楽界の傍流にいた作曲家と出会い、彼をゴーストライターに聴覚障害を装って成功をつかむという、テレビの2時間ドラマに使えそうなベタな話でした。ワイドショーで連日大きく取り上げられたのは、こうした〝わかりやすい物語〟なら視聴者が安心して楽しめるからです。

大衆が好むのは昔も今も勧善懲悪の物語で、そのためにはまず悪者を特定しなければなりません。それによって悪を糾《ただ》す自分（視聴者とその代弁者としてのメディア）が正義の側に立てますし、悪者に人間味（幼児期の虐待や貧困、自殺未遂など）を持たせれば物語の魅力はさらに増してひとびとを魅きつけます。

しかしＳＴＡＰ細胞論文疑惑では、この悪者をうまく特定することができません。いまだに論争の決着がついていないということもありますが、そもそもマスメディアには「読者／視聴者が理解できることしか報道できない」という制約があり、科学の世界での議論を追うことが困難だからです。

勧善懲悪のドラマは悪役がいないと成り立ちませんから理化学研究所を批判したりもしてみますが、ここは日本の誇るノーベル賞受賞者が理事長をやっており、そもそも誰に責任があるのかもよくわかりません。

こうして科学論争は研究者の間の愛憎（失楽園）や人格障害のような〝わかりやすい物語〟へと歪んでいってしまいます。大衆は科学の最先端を知りたいのではなく、〝割烹着姿のかわいい女の子〟の将来に興味津々なのです。

娯楽としてのマスメディアの限界は、真実が複雑でわかりにくいものだとしても（たいていはそうです）、それをわかりやすく加工しなければ商品にならないことにあります。メディアそのものが〝捏造装置〟なのです。

もっとも「真実を伝えることなんてできるのか」というさらにやっかいな問題もあり、

それを言い出すと本稿も含め、すべてのメディアは捏造の度合いを競っているだけだ、というオチになってしまうのですが。

Part4

PSYCHOLOGY

心 理

11 こころの内側

楽天的すぎるくらいがちょうどいい

「とりたてて理由はないものの、毎日が憂鬱でなにもする気がしない」
「近い将来、とんでもなくヒドいことが起こるにちがいないと思う」
「ときどき不安でいてもたってもいられなくなる」

こんなふうに感じることはありませんか?

うつ病はなぜあるのでしょうか。現代の進化論では、この謎を次のように説明します。

人類がその歴史の大半を過ごした石器時代においては、サバンナの真ん中で昼寝をする太っ腹より、ささいな物音にもびくびくしている小心者のほうが子孫を残す率が高かった。火と武器を手に入れるまでは、ヒトはマンモスなどの大型獣を狩る狩猟者ではなく、肉食獣のエサだったからだ——。

もちろんいまでは、街を歩いていたらいきなりライオンが襲ってきた、などということはありません。しかし遺伝子は文明の進歩に追いつくほど早く変化できないので、私たちはまだ石器時代のこころのままコンクリートジャングルを生きています。必要以上に将来を悲観したり、実体のないものを恐れたりするのは、原始人だった頃の名残なのです。

とはいえ、いつもおどおどしているだけでは新天地を開拓することなどできません。どんな環境でも生き延びて子孫を増やすには、好んでリスクをとる冒険者が必要です。

不安神経症的な傾向はすべてのヒトに共通しますが、うつ病の出現率は人種によって異なることが知られています。うつ病は日本、中国、韓国など東アジアの国に多く、アメリカやイギリスなど欧米諸国ではそれほどでもありません（ニールセン・カンパニーの調査によると、「うつ状態」の出現頻度は米国人の9・6％に対して日本人は30・4％）。

これまでこの現象は、集団主義的で抑圧的な文化と、自由で開放的な文化のちがいだと考えられてきました。ところが最近、「東洋にうつ病が多いのは遺伝的なものだ」という研究が出てきました。

うつ病の治療に有効なセロトニンの伝達に関係する「セロトニントランスポーター遺

伝子」にはS型とL型があります。この遺伝的なちがいは性格に反映し、S型の遺伝子を持つひとは不安を感じやすく、逆にL型の遺伝子は快活で楽天的です。日本をはじめ東アジアの国々では、S型の遺伝子が70~80%を占めます。それに対して欧米諸国では、S型の持ち主は40%程度しかいません。アメリカ人が底抜けに陽気なのは、彼らの遺伝子がL型だからかもしれないのです。

うつ病が遺伝子型で決まるなら、そこから文化を説明することも可能です。日本や中国、韓国、シンガポールなどで集団主義的な社会が生まれたのは、ひとびとの不安感が強く、人間関係をできるだけ安定させようとしたからです。それに対してヨーロッパの個人主義は、自主独立と冒険を好む遺伝子から生まれた……。

もちろんこの生理学的な解釈が正しいと決まったわけではありません。しかし、人種(民族)間の遺伝子の差が文化のちがいに反映されるという証拠は徐々に増えてきています。

S型遺伝子が大半を占める日本人は、自分が過度に抑うつ的になりやすいと考えて、羽目を外して楽天的になるくらいがちょうどいいのかもしれません。

日本の自殺率は、長期的には高くなっていない

日本の年間自殺者数はようやく3万人を下回ったものの、自殺率（人口10万あたりの自殺者数）でみれば、あいかわらずロシア・東ヨーロッパなど旧共産圏の国々と並んで世界でもっとも自殺の多い国になっています。「小泉政権のネオリベ的改革で経済格差が広がったからだ」といわれますが、こうしたわかりやすい説明はほんとうに正しいのでしょうか？

精神科医の冨高辰一郎氏は『うつ病の常識はほんとうか』（日本評論社）で、「長期的には日本の自殺率は高くなっていない」と論じています。

たしかに日本の自殺者数は1900年の約1万人から現在の約3万人まで、時代ごとの増減はあるものの右肩上がりで増えています。しかしこれだけで、「日本は自殺大国になった」と決めつけることはできません。元になる人口そのものが増えているからです。

1900年の日本の人口は約4000万人で、現在は約1億3000万人です。それを考えれば自殺者の実数が増えるのは当たり前で、そのため県別や国別の比較では自殺率を使うことになっています。

日本の自殺率の変化を見ると、1950年代のなべ底不況といわれた時代と、1997年以降の平成不況の時期が極端に高いことがわかります。このデータに基づいても、現在が戦後でもっとも自殺率の高い時代なのは間違いなさそうです。

ところが実は、これも正しい統計とはいえません。1950年代と現在では人口構成が大きく異なっているからです。

当たり前の話ですが、幼い子どもは自殺しません(10歳未満の自殺者は毎年ゼロか1人)。それに対して中高年になるほど自殺は増えていきます。

2012年の統計では、19歳以下の自殺者が人口比で2・1%なのに対し、もっとも自殺率の高い60代では17・9%です。自殺率は20代から右肩上がりに上昇し、60代でピークになり、70代以降は逆に下がります。他の要因がなにひとつ変わらなくても、少子高齢化だけで自殺率は自然に上昇していくのです。

人口構成による自殺率の変化を調整したのが標準化自殺率で、長期的な自殺率の変化を論ずる際は必須とされていますが、なぜか日本ではほとんど知られていません。

標準化した自殺率では、1960年代は10万人あたり25人が自殺していましたが、東京オリンピックと大阪万博の好景気で減少します。1985年のプラザ合意後の円高不況で20人まで跳ね上がるものの、その後のバブル景気でやはり大きく減っています。それが97年の金融危機をきっかけに20人まで増えたことで、自殺が大きな社会問題となったのです。

〝統計学的に正しい〟データを見ると、年間3万人の自殺者数はバブル期よりずっと多いものの、戦後の平均的な自殺率とほぼ同じです。日本の自殺率は長期的には漸減傾向で、バブル期にとくに低くなり、不況と失業率の上昇で元に戻ったのです。

もちろんこれは、自殺問題がどうでもいいということではありません。

日本はもともと自殺率のきわめて高い社会で、経済的な困難で死を選ぶ（あるいは余儀なくされる）潜在層が膨大にいます。この本質的な問題を無視して自分の主張に都合のいい〝犯人探し〟をしても、正しい処方箋を導くことはできないのです。

選択肢が多すぎると選択できなくなる不幸

その若者は、モデルのような容姿で、誰もがうらやむ一流企業に勤め、順風満帆の人生を送っているように見えました。しかし彼には、ひとつ深刻な悩みがありました。あまりにもモテすぎるのです。

その会社では、新規事業として、若い女性をターゲットにしたブランドの開発にちからを入れていました。部員も社外スタッフもほぼ全員が20代の女性で、短期間で業界でも注目されるほどの成功を収めてきました。

その会社は、女性だけの部署はお互いが足を引っ張り合ってうまく機能しないというマネジメント理論を信奉しており、唯一の男性は40代前半の課長でした。男女差別のような気がしないでもありませんが、この人事は、「女同士でトップの座を争わなくてもいいから気が楽だ」との理由で、女性部員からも暗黙の支持を得ていました。その当否はともかくとして、現実にビジネスがうまく回っている以上、それを変える理由は会社にはありません。

ところがこの課長（妻子持ち）が、精神の不調を訴えるようになりました。女性に囲まれて仕事をするのは、一見楽しそうですが、実際にやってみるとなかなか大変らしいのです。

そこで会社は、課長を補佐する役割として、新人の男性社員を配属することにしました。どうやら人事部は、採用のときから、このモデルのような若者を「女の園」要員にすることを決めていたようなのです。

見かけとちがって、中高を男子校で過ごした彼は体育会系で、女遊びとは無縁のタイプでした。これまでも女性にはモテたのでしょうが、ファッション業界の美女たちのなかに投げ込まれればモテ方のレベルがちがいます。ファッションの世界は男性と出会う機会が少なく、そのうえ並みの男では彼女たちにつり合わないので、女性の需要に対して男性の供給が圧倒的に少ないのです。

純真な彼は、ロマンチックラブを信じていました。世界のどこかに、自分が求めている〝ほんとうの女性〟がいるはずだと思っていたのです。

しかし現実には、彼は頻繁にカノジョを取り替えることになりました。ある女性とつき合いはじめても、たちまち別の女性が彼の前に現われます。そうすると、どちらが自分にとっての〝運命の赤い糸〟なのかわからなくなってしまうのです。

マーケティングの実験では、選択肢が多すぎると消費者は選択できなくなることが知られています。スーパーの試食品コーナーでジャムを販売する場合、選択肢が6種類よりも24種類あったほうが顧客の満足度は高くなります。しかし実際に自分の好みのジャムを見つけて購入するのは、6種類のほうが圧倒的に多いのです。24種類のジャムを前にした消費者は、あれこれと試食してみますが、けっきょくどれにするか決められず売り場を立ち去ってしまうのです。

「別に高望みしているわけではないんです」若者は真面目な顔でいいます。「〝このひとを求めていたんだ〟って納得したいだけなんです」

「そのうちいいひとが見つかるよ」と、私は当たり障りのない返事をしました。しかし彼がいまの部署にいるかぎり、理想の女性は永遠に現われないでしょう。

世の中には、いろんな悩みがあるものです。

大惨事が生み出す〝見えない〟二次災害

２０１３年４月、アメリカ三大市民マラソンのひとつであるボストンマラソンで爆弾テロが起き、沿道で父親を応援していた8歳の男の子を含む3人が死亡し、240人以上がケガをしました。中国では上海を中心に鳥インフルエンザの拡大が止まらず、ヒトからヒトへの感染も疑われています。

私たちは無意識のうちに、今日と同じ平穏な日々がこれからも続くと思っています。だからこそ、その〝常識〟を覆すような特別な出来事にとても敏感です。

これは、ヒトが長い進化の過程で生き延びるための必須の能力でした。しかしその結果、私たちはある特定のリスクだけを過大に評価するようになりました。

もちろん、爆弾テロや鳥インフルをささいな出来事だといっているわけではありません。しかし、マスメディアがテロや感染症の恐怖をあまりにもいい立てると、深刻な二次災害を引き起こすことが知られています。

2001年の9・11同時多発テロは、イスラム過激派のテロリストが4機の旅客機をハイジャックし、ニューヨークの世界貿易センタービルとワシントンDCの国防総省(ペンタゴン)に激突させ、およそ3000人の死者を出した大惨事でした。旅客機の衝突で高層ビルが崩壊するという衝撃的な映像を繰り返し見せられたアメリカ人は、「飛行機は危険だ」と不安に感じ、長距離の移動にも〝より安全な〟車を使うようになりました。しかし現実には、車は飛行機よりもはるかに危険だったのです。

アメリカでは、交通事故の死者は年間で6000人に1人です。それに比べて飛行機はきわめて安全な乗り物で、事故による死者は全世界で年間500~1000人です。これを確率に直すと、毎日飛行機に乗ったとして、事故に遭うのはおよそ5000年に1回になります。

あるリスク管理の専門家は、仮にテロリストが1週間に1機の割合で旅客機をハイジャックし地表に激突させたとしても、毎月1回飛行機を利用するひとがテロに遭遇して死亡する確率は13万5000人に1人だと試算しました。ハイジャックが頻発する恐ろしい世界でも、車での移動は飛行機より20倍以上も危険なのです。

同時多発テロが起きた直後から、アメリカでは路上での事故死が急増するようになりました。この数字はおよそ1年後に元に戻りますが、その間、移動手段を飛行機から車に替えたことで増えた死者の数は1595人と推定されています。同時多発テロは、ひとびとのリスク感覚を狂わせることによって、1年間でテロ被害者の半分にも達する〝見えない犠牲者〟を生み出していたのです。

日本は2011年に、東日本大震災と福島第一原発事故という大きな悲劇に見舞われました。地震や原子力災害についての大量の報道は、やはりひとびとのリスクに対する認識を誤らせ、非合理的な行動を選択させる可能性があります。

危険を避けようとするのは、生き物としての本能です。しかし、そこには別の危険が待っているかもしれないのです。

遺伝は性格に影響するが、家庭を調べてもなにもわからない

『週刊朝日』に掲載されたノンフィクション作家・佐野眞一氏の「ハシシタ　奴の本性」が大問題になり、編集部は橋下大阪市長に謝罪のうえ連載の中止に追い込まれました。「橋下徹のＤＮＡをさかのぼり、本性をあぶり出す」という表紙コピーなど、出自が性格を決めるととられかねない表現が批判を浴びた理由です。

これはたいへん微妙な問題ですが、遺伝が知能や性格にどの程度影響を与えるかは、行動遺伝学という学問によって科学的に検証され、ほぼ答が出ています。こうした研究が可能になるのは、世の中に一卵性双生児と二卵性双生児がいるからです。

一卵性双生児は、受精したひとつの卵子が途中で２つに分かれてそれぞれが１個体になったのですから、２人はまったく同一の遺伝子を持っています。それに対して二卵性双生児は２つの卵子が別々に受精したものですから、遺伝的にはふつうの兄弟姉妹と変わりません。

一卵性双生児と二卵性双生児は、この世に同時に生を受け、通常は同じ家庭環境で育ちます。もし仮に、性格の形成に遺伝がなんの影響も及ぼさないとしたならば、（年齢も家庭も同一なのですから）一卵性であっても二卵性であっても「似ている度合い」は

ほぼ同じになるはずです。このようにして、双生児の研究から性格における遺伝の影響を統計的に調べることができます。

行動遺伝学によれば、神経症傾向や外向性、調和性、固執などの性格的特徴は4〜5割が遺伝の影響です。能力ではこの傾向がはるかに顕著で、スポーツはもちろん、音楽や数学、一般知能は約8割が遺伝によって決まります。自分が音楽家になれるかどうかは、親を見ればわかるのです。

ところで、性格における遺伝の影響が約半分とすると、残りの半分は環境によるものです。「氏が半分、育ちが半分」という話ですが、「氏（遺伝）」は明確に定義できるとして、「育ち（環境）」とはいったいなんのことでしょう。

ほとんどのひとはこれを家庭環境だと思うでしょうが、驚くべきことに、行動遺伝学によると性格形成に家庭（子育て）はほとんど影響を及ぼしていないようなのです。

なぜこんなことがわかるかというと、一卵性双生児のなかに、一方（もしくは両方）が里子に出されて別々の家庭で育ったケースがかなりあるからです（同じ子どもは2人いらない、というのは世界共通のようです）。こうした双子は、遺伝的にはまったく同じで家庭環境だけが異なりますから、同じ家庭で育った一卵性双生児と比較することで、性格や能力の形成における家庭の影響だけを取り出すことができるのです。

こうして調べた共有環境（家庭）の影響は、統計的にはほとんど検出不能です。性格は子育てではなく、家庭以外の非共有環境で決まります。非共有環境とは、学校などでの友だち関係のことだとされています。

遺伝（氏）はたしかに性格に大きく影響しますが、親や家庭をいくら調べてもそのひとのことはなにもわからないのです。

参考文献：安藤寿康《じゅこう》『遺伝マインド』有斐閣

「気分のいい嘘」と「不愉快な事実」

世の中には、目をそむけたくなるような話があります。といっても、背筋も凍るホラーや怪談の類ではありません。たんに不愉快なだけです。

有名大学の学生を調べると、裕福な家庭の子どもが多いことが知られています。そこから、「貧しい家に生まれると教育を受ける機会もなく、ニートや非正規になってしまう」とか、「金持ちの子どもだけが私立の進学校に進み、エリートになるのは不公平だ」などの批判が起こりました。自らも有名大学の出身である大学教授などは、「〝教育格差〟をなくすためにもっと公費（税金）を投入すべきだ」とか、「低学歴で就職できない若者には国が（税金で）教育支援すべきだ」などといっています。

ところで、「金持ちの家の子どもは有名大学に進学できる」という因果関係は正しいのでしょうか？

行動遺伝学は一卵性双生児と二卵性双生児の比較から、知能における遺伝の影響が80%ちかくあることを明らかにしました。この結論は厳密な統計的手法から導かれており、現在に至るまで有力な反証はありませんから、〝科学的真理〟と見なされます。

行動遺伝学によれば、正しい因果関係は、「知能の高い両親から生まれた子どもは有名大学に進学する可能性が高い」というものです。知識社会では一般に、知能の高いひとが高収入を得ていますから、有名大学の学生を調べると結果的に「金持ちの家の子どもが多い」ということになるのです。

どうです？　目をそむけたくなるような話だと思いませんか。

「格差社会」の原因が親の収入にあるのなら、裕福なひとから税金を徴収し、貧しいひとに分配すればいいだけです。これは悪代官を退治する勧善懲悪の時代劇のようなソルーション（解決策）なので、とても人気があります。

それに対して、経済（教育）格差の原因が遺伝である場合は、原理的に解決方法はありません。こちらは多くのひとの神経を逆なでしますから、「差別」として激しいバッシングにあいます。行動遺伝学の拠点はアメリカですが、研究者たちはリベラルな団体からの抗議と脅迫のなかで、その結論が科学的に証明できることを示し続けたのです。

このやっかいな問題をどのように考えるかは個人の自由ですが、ひとつだけ知っておかなければならないことがあります。

「教育格差」を批判するひとの多くは、大学の教員などの教育関係者です。このひとたちは、教育に公費（私たちが納めた税金）が投入されると得をする利害関係者でもあります。大学の授業料がタダになれば学生はいくらでも集まるでしょうし、再教育や職業訓練の費用が国の負担になれば教育市場は拡大して教員の生活は安泰でしょう。

このように、一見すると正しいものの、科学的には間違っている主張の背後には、「偽善」によって得をするひとが隠れています。

あなたは、「気分のいい嘘」と「不愉快な事実」のどちらを選びますか？

EPILOGUE

地獄への道は善意によって敷き詰められている

「地獄への道は善意によって敷き詰められている」という言葉があります。語源については聖書からダンテ、マキャヴェリ、カール・マルクスまでさまざまですが、直感的に「よい」と思ったことが結果的には最悪の事態を招くという現実を指摘した至言です。「善意によって生まれた地獄」はあちこちに口を開けていますが、ここではそのうち2つを紹介したいと思います。ひとつは経済的に考えればそうなるほかはなく、もうひとつは想像を絶するグロテスクな話です。

貧しいひとをより貧しくするフェアトレード

フェアトレードは、「市場経済は貧しい国や貧しいひとたちを搾取している」として、「公正な取引 fair trade」を企業に求めるアンチ・グローバリズムの運動です。日本ではまだそれほど知られていませんが、欧米（とくにイギリス）では「倫理的意識(ethical awareness)」の高まりで広く普及しているのだといいます。フェアトレード財団だけでなく、レインフォレスト・アライアンス（熱帯雨林保護）、フォレスト・スチュワードシップ・カウンシル（森林保護）、UTZサーティファイド（サスティナブルなコーヒー生産）など、同様の趣旨で運営されている認証機関はいくつもあります。

フェアトレードの主張は、「アフリカや中南米で、グローバル企業が農家のコーヒーやカカオ豆を不当に安く買い叩いている」というものです。そのため農家は熱帯雨林を伐採し、それでも生活できず困窮に陥って破産してしまいます。この問題を解決するもっとも有効な方法は、貧しい国の農家も労働に対する適正な利益が得られるよう、グローバル企業が「公正な価格」でコーヒーやカカオ豆を購入することです。そうすれば農家の経営は安定し、無理な農地拡大も必要なくなり、自然もひとびとの生活もサスティナブル（持続可能）になるでしょう。

素晴らしい話ですが、はたしてほんとうでしょうか？　そんな疑問を抱いたイギリスのジャーナリスト、コナー・ウッドマンは、自分の目でフェアトレードの現場を確かめる旅に出ます（『フェアトレードのおかしな真実』英治出版）。

〝フェアトレード先進国〟であるイギリスでは、スターバックスやネスレがいち早く倫理的認証を受け、「環境にやさしくない」企業の代名詞だったマクドナルドまでがレインフォレスト・アライアンスの認証マーク付きコーヒーを売っています。キャドバリー社の国民的なチョコレートも、２００９年にフェアトレードの認証を受けることになりました。

その記者会見に出席したウッドマンは、なんともいえない違和感を持ちます。そこには「FAB（Fairtrade Association Birmingham）」と白抜きされた黒のTシャツを着た活動家たちが集まっていて、キャドバリー社の社長の発表を聞いて、「目には涙を浮かべ、誇らしげに胸を張り……『すばらしい！』とさけんだ」のです。

活動家の一人は、次のように声高に宣言します。

「のんびりコーヒーを飲んだりチョコレートを食べたりしているだけで世界を変えられるなんてだれも思っていなかったけど、どうやらできるみたいだな」

これって、カルト宗教の集会みたいじゃないですか。

「公正な価格」は市場価格より安い

フェアトレード財団の2010年時点のホームページには、次のような主張が掲載されていました。

〈コーヒーの価格は、2000年以来記録的な低迷に苦しんでいます。コーヒー豆の生産費よりはるかに低く、世界中のコーヒー農家を危機に陥れています〉

しかしこの主張はまったくのデタラメです。ニューヨーク市場におけるコーヒーの国際価格は2002年以来着実に上昇し、タンザニアで生産されているマイルド・アラビカ豆は2002年の1・32ドル／キロから2011年に5・73ドル／キロまで高騰しました。「世界のコーヒー価格に『記録的』なことがあったとすれば、それは記録的な高値だということだ」とウッドマンはいいます。

それに対してフェアトレードが「公正」とする最低価格は2・81ドル／キロで、市場価格の半値以下でしかありません。リーマンショック直後の3カ月を除き、市場価格がこの最低価格を下回ったことはなかったのです。

これは要するに、「倫理的認証を受ける企業は、フェアトレードの最低価格によって仕入れのコストが上がることを心配する必要はまったくなかった」ということです。市場価格が最低価格を上回っているかぎり、企業の負担は認証されたコーヒーやカカオ豆を購入する際の割増金だけですが、もともとコーヒーやチョコレートにおける原材料比率は高くないので（スターバックスなどはコストの大半が不動産賃料と人件費）、実質的な割増金負担はごくわずかです。ウッドマンの試算では、キャドバリー社が支払う割増金はミルクチョコ1本につき0・25セントにすぎません。

これで2005年以降、名だたる大企業が次々と倫理的認証を受けるようになった理由がわかります。

企業からすると、ほんのわずかな追加コストで「ひとにも自然にもやさしい企業」というブランドイメージを手にできます。レインフォレスト・アライアンスの認証を受けたことで、マクドナルドのコーヒーの売上は25％増えたといいます。「フェアトレードは儲かる」のです。

フェアトレードに参加すると農家が損をする

しかしそれでも、「フェアトレードによって、農家は価格の最低保障という〝保険〟に無料で加入できるのだからいいではないか」と思うひともいるでしょう。この理屈は正しいのでしょうか？　そこでウッドマンは、タンザニアのコーヒー農園にフェアトレードの実態を見にいきます。

倫理的認証団体は小規模な農家まで個別に認証しているわけではありません。そんなことは物理的に不可能ですから、地域ごとに協同組合を設立して、組合が商品の品質を保証したうえで（スターバックスやマクドナルドなどの）大口顧客に販売します。「農家が個別に価格交渉するよりも集団で交渉したほうが有利だから」です。

ところがウッドマンは、現地で不可解な現実を目にすることになります。

タンザニア産のコーヒー豆が国際市場で5ドル／キロを上回る史上最高値を記録しているにもかかわらず、フェアトレードに参加する農家が受け取っていたのは1・38ドル

／キロだけだったのです。これはフェアトレードが「公正な価格」とする2・81ドル／キロの半値以下です。

なぜこんな「不公正」なことが起こるのでしょうか。

それは協同組合が現地の有力者に支配され、彼らが人件費や管理費などの名目で農家を〝搾取〟しているからです。それなのにフェアトレードは協同組合がないと事業が継続できないため、こうした不都合な事実に気づいていても目をつぶって放置しているのだといいます。

その結果、協同組合を通さず、農家や農場が直接コーヒー豆を販売する試みが始まりました。たとえば同じタンザニアの村で、「エシカル・アディクションズ」という団体は3・14ドル／キロで農家からコーヒー豆を購入し、高品質の豆を求める企業に販売しています。倫理的認証を受けないことで農家の利益は倍増しましたが、こうした動きが広がれば協同組合の利益が失われてしまうため、現地の緊張が高まっています。活動の趣旨とは逆に、フェアトレードが貧しい国の農家をより貧しくしているのです。

グローバル企業が撤退して不幸が始まった

フェアトレードのような倫理的認証団体は、冷酷無比な「グローバル企業」こそが経済格差を生み、貧しい国のひとびとを苦しめているのだと非難します。そこでウッドマンは、世界でもっとも貧しい国のひとつであるコンゴ民主共和国を訪れました。ルワンダ内戦の影響でコンゴ東部にフツ族の大規模な難民キャンプが生まれ、その後、ツチ族のルワンダ軍の攻撃で難民キャンプは壊滅しました（その経緯は後述）。その結果、フツ族の民兵はコンゴのジャングルに身を隠し、ＦＤＬＲ（ルワンダ解放民主軍）を結成します。ＦＤＬＲはコンゴ東部を暴力的に支配し、コンゴ人女性や少女たちを誘拐してレイプし、村人たちの四肢を切り落としました。

このような状況のなかで、農業のできなくなったひとびとは生きるために換金性の高い商品を求めて必死になりました。ウッドマンが彼らとともに体験したのは、懐中電灯ひとつで坑道に入り、スズ石を掘り出すことでした。コンゴ東部には良質のスズ鉱山がいくつもあるのです。

ただしこの仕事には大きな危険がともないます。

ウッドマンが潜った坑道はベルギーの企業が開発したものでした。鉱山開発会社は坑道までレールを引き、さまざまな機材を使って採鉱を行なっていました。ただしそれは、コンゴが独立する１９６０年までのことです。

それから50年間、鉱山は放置されてきました。いまではレールは使えなくなってバケツリレーでスズ石を運ぶしかなく、坑道に溜まった水を汲《く》み出すための発電機もありません。そのため村人たちは、懐中電灯だけを頼りにいつ崩れるかわからない坑道に入り、原始的な道具でスズ石を掘り出すしかないのです。コンゴの村の苦難はグローバル企業が生み出したのではなく、グローバル企業（ベルギーの鉱山開発会社）が撤退したことで始まったのです。

資本主義がよりよい世界をつくる

この本の最後で、ウッドマンはアフリカ西海岸のコートジボワールに綿農家を訪ねます。

アフリカでは250万人の農家が1ヘクタール単位の畑を牛を使って耕し、1トンか2トンの綿を収穫しています。アメリカの大規模生産者に比べれば微々たる量ですが、それを合わせると世界の綿輸出量の20％にもなります。

コートジボワールは綿の一大産地ですが、2002年から04年までの内戦によって国内の綿繰り工場（収穫された綿から種や不純物を取り除く工場）がすべて倒産してしまいました。内戦終結後にその工場を落札したのは、シンガポール市場に株式を上場する世界最大手の農業商社のひとつオラム・インターナショナルでした。綿相場の上昇によって、オラム社はコートジボワールの綿事業に投資する価値があると判断したのです。

コートジボワールにおけるオラム社の綿事業の責任者は、ジュリー・グリーンという30歳のアメリカ女性です。ジュリーはアフリカ暮らしが7年目で、最初はNGO職員として学校の建設や水汲みポンプの設営をしてきましたが、「活動の進捗のなさにうんざり」して、ジュネーヴでMBAを取得してオラムに移ったといいます。

ジュリーの監督の下で、倒産した工場の稼働率は1年目に70%、2年目以降は100%と劇的に蘇《よみがえ》りました。しかし変わったのはそれだけではありません。

以前の工場は、基本的な安全面での予算もなくきわめて危険でした。いまはケーブルのまわりにケージが置かれ、火災を起こしたときのための送水ポンプも設置されました。もちろん手袋やマスク、ゴーグルなどの安全装備も従業員全員に配布されています。以前はいちど壊れてしまったら、ボスから「残念だったな」といわれてそれで終わりだったのです。

だからといって、オラム社がボランティア精神に溢れていたり、CSR（企業の社会的責任）にちからを入れているわけではありません。世界じゅうのすべての工場で当たり前のようにやっていることを、コートジボワールでも行なったにすぎません。工場の安全管理は、事業を行なううえでの基本中の基本なのです。

オラムはまた、契約する綿農家に高品質の種を無料で配布し、農薬や肥料の費用を無利息で前倒し融資するばかりか、村人たちがトウモロコシを栽培する肥料も余分に渡しています。しかし管理責任者のジュリーは、これも人道主義とは無関係だといいます。

高品質の種を無料で配布するのは、農家に品質の高い綿を栽培させ、サプライチェーンのなかに他品種が混入するリスクを軽減するためです。無利子の前倒し融資は、農家の経営を安定させることで綿の安定供給を図るためです。農家の食料であるトウモロコシのために肥料を余分に渡すのは、そうしなければ綿用の肥料が転用されてしまうからです。

すべては高品質の綿をより多く生産するための合理的な経営判断だとジュリーはいいます。「貧しくて飢えている農家を抱えていても、私たちにはいいことは何もありません」

「フェアトレードのおかしな真実」をめぐる旅でウッドマンが思い知ったのは、貧困の原因は腐敗した政府であり、権力の崩壊がもたらす内戦や内乱だということです。それによってグローバル企業が撤退し、仕事を失った現地のひとびとが経済的な苦境に追い込まれていきます。

その一方でコートジボワールのオラム社のように、現代のグローバル企業は利益を追求しながらもコンプライアンスにしばられ、社会的な評判を気にしています。そのうえ彼らは投資のためのじゅうぶんな資金を持ち、優秀な人材(それもジュリーのように、ビジネスを通じて社会をよくしたいと考える若者)を抱えています。

だとしたら「経済格差の元凶」としてグローバル企業を敵視するのではなく、彼らのちからを上手に利用したほうがずっといいのではないか――それが、長い旅を終えてウッドマンのたどり着いた結論でした。

フェアトレードのマークの付いたコーヒーを飲んでいるだけでは、世界はなにひとつ変わらないのです。

アフリカではなぜ手足が切断されるのか？

それでは次に、善意が生み出したよりグロテスクな話をしましょう。

リンダ・ポルマンはオランダのフリージャーナリストで、世界各地の紛争地帯で国連やNGO（非政府組織）を取材し、『クライシス・キャラバン』（東洋経済新報社）で援助活動がどのような事態を招いているかを告発しました。

アフリカ西部の大西洋岸に位置するシエラレオネはかつてのイギリス領で、首都フリータウンは、18世紀後半の奴隷廃止運動を背景に、解放された奴隷たちの定住地（自由の町）として開発されました。その後はイギリス統治下で大学などの教育制度が整えられ、西アフリカの中心地として発展しましたが、1961年に独立してからは内戦とクーデターを繰り返すことになります。

紛争の原因はダイヤモンド鉱山の利権で、貧弱な軍事力しか持たない政府は南アフリカの鉱山開発会社からPMC（民間軍事会社）の派遣を受け、反政府組織RUF（革命統一戦線）と衝突しました。RUFを率いたアハメド・フォディ・サンコーはイスラム教徒で、リビアのカダフィ大佐のもとで軍事訓練を受け、ゲリラの支配下にある鉱山から産出したダイヤモンド（ブラッドダイヤモンド）で武器を購入し、1991年から8年間に及ぶ内戦に全土を巻き込んだのです。

RUFは拉致した子どもたちに麻薬と銃を与え、少年兵として戦闘に参加させましたが、それと並んで世界を震撼《しんかん》させたのは民間人を襲撃して鉈《なた》で手足を切断したことです。その惨劇は新聞や雑誌に写真入りで報道され、テレビニュースでも何度も放映されたので記憶に残っているひとも多いでしょう。

ところでRUFはなぜ、民間人の四肢を切断したのでしょうか。

ルワンダやボスニア・ヘルツェゴビナのような民族紛争では、敵対する民族を絶滅させようとする「民族浄化（エスニック・クレンジング）」が起こりました。これは悲惨な出来事ですが、人類史をひも解けばけっして珍しいことではありません。旧約聖書を読めばわかるように、ヒトは紀元前の昔から集団を「俺たち」と「奴ら」に分け、「奴ら」を皆殺しにする蛮行をえんえんと繰り返してきたのです。

伝統的社会の戦争では、敵の身体の一部を切断するという風習が広く知られています。「身体の一部」とは首のことで、台湾や南太平洋の狩猟採集社会では〝首狩り族〟と呼ばれましたし、戦国時代の日本でも敵将の首を獲《と》ることが最高の武勲とされていました。それに対して、敵の手や足を切断する風習はどのような伝統的社会でも知られてはいません。

それがなぜ、アフリカの一部でだけ、それも20世紀末になって始まったのでしょうか。四肢の切断は「農作業をできなくしてゲリラ組織に依存させるため」などと説明されましたが、これではゲリラ組織の負担は重くなるばかりです。奴隷として働かせるか、あるいは殺害して土地を奪うのならわかりますが、四肢のない人間を生かしておいても経済的な利益はなにもないように思われます。

リンダ・ポルマンは著書でこの謎を解き明かすのですが、その衝撃的な結論を紹介する前に、国際人道援助を行なうNGOとはどういうものかを説明しておきましょう。

ルワンダ虐殺で語られなかったこと

1994年に起きたルワンダの虐殺では、多数派のフツ族によって少数派のツチ族が殺害され、100日という短期間にルワンダ国民の約2割、80万人が犠牲になりました。第二次世界大戦以降で最悪の惨事のひとつとなったこの事件は、映画『ホテル・ルワンダ』や『ルワンダの涙』によって日本でも広く知られています。

ルワンダからの難民が集まったもっとも有名なキャンプが、コンゴ民主共和国（当時のザイール）の国境、キブ湖の畔《ほとり》にあるゴマです。ポルマンは事件直後、この難民キャンプを取材してなんともいいようのない違和感を覚えました。

ルワンダ虐殺を報じるテレビニュースを観た欧米のひとびとは、鉈で惨殺された死体が道路脇に積み上げられ、川や湖を埋める映像に大きな衝撃を受けました。やがてそれは家財道具を抱えて国境へと逃げ延びるひとびとに変わり、次いでゴマの難民キャンプが大々的に報道されます。この一連の流れを見れば、誰もが虐殺の対象となったツチ族のひとたちが難民となって隣国に逃れたと思うでしょう。

しかし現実はもっと奇怪で複雑でした。

フツ族とツチ族は宗主国だったベルギーが統治のために人工的に生み出した民族で、少数派のツチ族を支配民族として優遇したため1962年の独立前から両者の紛争は始まっていました。このときツチ族の一部が隣国のウガンダに逃れ、そこで軍事組織「ルワンダ愛国戦線（RPF）」を組織します。ルワンダでフツ族による虐殺が始まると、そのRPFが混乱に乗じて国内に侵攻し全土を制圧したのです。その結果、報復を恐れたフツ族の民衆が大挙して国境を越えて難民化することになりました。

欧米のひとびとがテレビで見たゴマの難民たちは、ルワンダでツチ族を虐殺した当事者たちでした。彼らが人力車などで運んできた「家財道具」は、皆殺しにしたツチ族の家から強奪したものです。だがこうした事実はほとんど報じられず、「虐殺→難民→人道の危機」という構図に短絡化されることになります。テレビニュースの限られた時間では、ここで述べたような複雑な背景を説明できないからです。視聴者は単純でわかりやすい話を求めているのです。

ゴマの難民キャンプの近くには大型輸送機が発着できる仮設滑走路がありました。ルワンダの虐殺と、200万人ともいわれる大量の難民の存在が知られるようになると、その現場を取材しようとジャーナリストたちが飛行機に乗ってやってきます（ポルマンもその一人です）。

それと同時に、ルワンダ難民を〝援助〟すべく多くのNGO団体がゴマに殺到しました。彼らが人道援助の対象にゴマを選んだのはフツ族を支援したいと考えたからではなく、滑走路があって報道陣がいたからです。

NGOの寄付者（ドナー）は、自分が出したお金が有効に使われ、「人道の危機」にあるひとびとが救われる場面を（安全な場所から）確認して満足感を味わいたいと思っています。これは「消費者」として当然の要求ですから、批判しても意味がありません。ドナーから多額の寄付を募ったNGOにとって、難民キャンプの近くに滑走路があるというのはまたとない好条件です。輸送機をチャーターし、スタッフと援助物資を詰め込めばたちまち「援助」を開始することができます。おまけにそこには欧米のジャーナリストやテレビ局のクルーが待っていて、彼らの活動を報道してくれるのです。

虐殺の被害者であるツチ族の難民がどこか別の場所にいたとしても、NGOはそんなところには行こうとはしないでしょう。援助を開始するまでに何カ月もかかり、おまけに報道もされないのではドナーが納得しないからです。

ＮＧＯにとっては、援助の対象が虐殺されたツチ族であろうが、虐殺したフツ族であろうがどうでもいいことです。人道主義の原則は「中立性」（二者のどちらかを優先して協力することはない）、「公平性」（純粋に必要に応じて援助を与える）、「独立性」（地政学的、軍事的、あるいは他の利害とは無関係である）で、人道の危機にあるひとが目の前にいれば助けるのが当然だとされています。この原則は一見素晴らしいのですが、どこか偽善的でもあります。「あなたのお金で救われたのは、ついこの間までルワンダでツチ族を虐殺していたひとたちです」という事実はけっしてドナーには伝えられないのです。

「人道援助」という巨大ビジネス

ゴマの難民キャンプでポルマンは、ＮＧＯが行なう国際人道援助とは、紛争や虐殺などを「商材」にしてドナーから寄付を募り、〝よいことをして満足したい〟という願望をかなえるビジネスだと気づきます。本のタイトルである「クライシス・キャラバン」とは、〝悲惨な現場〟を求めて世界じゅうを転々とするＮＧＯのことです。

ビジネスである以上、成功したＮＧＯは大きな利益を上げることができます。紛争の現場にいる「人道援助コミュニティ」の白人たちは、破壊された町のレストランやバーで毎日のようにパーティを開き、10代の売春婦を膝《ひざ》の上に乗せています。彼らは自分たちが〝特別〟だと考え、その法外な特権を疑うことはありません（国連職員の特権意識はさらに肥大しています）。

こうしたNGOの腐敗も欧米では広く知られていて、その結果、自分個人のNGOを立ち上げるひとたちが増えています。こうしたNGOは「モンゴ（MONGO）」と呼ばれています。〝My Own NGO〟の略です。

典型的なのはアメリカ南部の教会の敬虔《けいけん》な信者で、彼（彼女）はアフリカの悲惨な現状と堕落したNGOの実態を知って、自ら教会で寄付金を集め現地に赴きます。

しかしここでも、同じ問題が起きます。信者のお金を預かってアフリカまで来たからには、なんらかの成果を出さなければ帰れません。そこで難民キャンプにある病院に行き、手足を失った〝かわいそうな子ども〟を紹介してもらいます。その子どもたちに義手や義足を与えて、喜ぶ姿をビデオや写真に撮るためです。そのため難民キャンプには、義足ばかり何十本も持っている子どもがいます。そのたびにいくばくかの現金をもらえるから、いい商売になるのです。

その後、MONGOたちは手足のない〝かわいそうな子ども〟をアメリカに連れ帰るようになりました。教会のドナーたちの前で、最新型の人工装具をプレゼントするセレモニーを行なうのです――成長期の子どもの装具は数年で取り替えなければならず、子どもたちをアフリカに戻せばすぐに役に立たなくなってしまうのですが。

なかには障害のある子どもを養子にしてあちこちの教会へ連れ回したり、テレビに出演させたりするMONGOもいます。養子縁組は、字の読めない両親の代わりにシエラレオネの行政府が許可しています。賄賂と引き換えに子どもを両親から引き離し、NGOに売っているのです。

この〝誘拐〟がなくならないのは、人道援助の証拠を地元に持ち帰ることがきわめて宣伝効果が高いからです。教会の信者たちは、〝かわいそうな子ども〟が自由の国アメリカで幸福を手にする姿を目の当たりにして随喜の涙を流すのです。

これはシエラレオネだけのことではなく、アフリカ各地で孤児院が大きなビジネスになっています。たとえばリベリアでは、孤児院に住んでいる子どもたちの大半は孤児ではなく両親がいます。国際援助を引き寄せるために、孤児院の所有者によって人買い同然の方法で集められてきたのです。

こうした子どもたちはアメリカやヨーロッパの養親のもとに送られますが、扱いにくいことがわかると即座に「返品」されてしまいます。そうすると別の人権団体が、この「返品」を反人道的だとして抗議活動を行なうのです――。

難民キャンプはなぜ襲われたのか

国際人道援助の問題は、それが巨大ビジネスになっていることにあります。ビジネスである以上、利益は大きければ大きいほどいいに決まっています（それを原資により多くのひとを救うことができます）。

NGOの利益の源泉は「悲惨な現場」です。そこで彼らは、テレビニュースで〝悲惨〟に見えるひとたちを追い求め、同じように悲惨な生活をしていても〝絵にならない〟ひとびとを見捨てます。

これはそうとうに歪な状況ですが、個々のNGOの努力ではどうすることもできません。ドナーから得られるパイ（寄付金）は限られていますが、NGOは乱立しており、彼らを批判するMONGOたちも控えています。ドナーが喜んでお金を出すような演出ができないNGOは、競争から脱落して消えていくしかないのです。

ところで人道援助が大金の動くビジネスだとしたら、それを受ける側はテントや衣服、食糧だけで満足するでしょうか。

難民というと〝かわいそうな一般市民〟を思い浮かべますが、ゴマにはフツ族の民兵が相当数紛れ込み、難民キャンプを支配していました。難民を援助するにはまずキャンプに入らなければなりませんが、支配者である民兵たちはその際、NGOに対して「入場料」を徴収します。それ以外にもさまざまな名目でNGOから金銭を巻き上げ、ルワンダに反攻するための武器弾薬を購入していたのです。

もちろん援助のために現金を支払うことは原則として禁止されていますが、ここでも負の競争原理が働きます。支配者に現金を払わない真っ当なNGOは肝心の援助活動ができず、ドナーから見捨てられてしまうのです。

民兵たちは援助物資を独占し、NGOが支払う給与から〝税金〟を徴収し、運転手、料理人、清掃人、施設の管理責任者などの仕事を独占しました。病院の外国人医師は、朝になるとフツ主義に批判的な患者が消えており、空いたベッドに民兵の家族が寝ていることに気がつきましたが、フツ族の看護師に聞いても夜中になにが起きたのかはぜったいに口にしませんでした。

1995年末時点で、ゴマにある4つの主要難民キャンプではバー2324軒、レストラン450軒、ショップ590軒、美容室60軒、薬局50店舗、仕立屋30軒、肉屋25軒、鍛冶屋5軒、写真スタジオ4軒、映画館3軒、2軒のホテルと食肉処理場が1カ所あったといいます。これらはすべて、NGOの援助でつくられたものです。難民たちはNGO関連以外のなんの仕事もしていなかったのですから――。

ゴマの難民キャンプの民兵たちは、「ゴキブリ（ツチ族）を叩きつぶすことは犯罪ではない。衛生手段なのだ！」というラジオ番組をキャンプ内で流し、夜になると国境を越えてルワンダ領内に入り、ツチ族を殺していました。その結果、ツチ族のルワンダ軍がゴマの難民キャンプを攻撃するという事態を引き起こします。キャンプはルワンダ軍の支配下に移り、国連軍の監視の下、ルワンダへの〝移送〟が始まりました。

難民キャンプ解体の様子は、その場に立ち会ったリンダ・ポルマンが『だから、国連はなにもできない』（アーティストハウスパブリッシャーズ）で描いています。

国連軍の役割はただ「監視」するだけで、故国への帰還作業はルワンダ軍に任されていました。ルワンダ軍は１０００人で、帰還する難民は15万人いました。

ルワンダ政府は難民が途中で新しいキャンプをつくるのを恐れて、徒歩での移動を許可しませんでした。それなのにルワンダ軍にはトラックがなく、国連軍は移送を手伝うことを許されていません。

こうした状況にもかかわらず「帰還作戦」は始まりました。難民たちは移送を拒否して暴れ出し、それを見てパニックに陥った政府軍兵士は難民に向かって手榴弾を投げ、迫撃砲を撃ち込んだのです。

こうして、国連軍の目の前で数千人の難民が殺害されることになりました。しかしそのときＮＧＯはすべて引き揚げており、キャンプには誰も残ってはいなかったのです（戦闘後、国境なき医師団が45分間だけやってきて、暗くなる前に帰っていきました）。

これが、人道援助の「成果」です。

あまりにも不都合な真実

NGOの商材は「悲惨な現場」です。そうすると、援助を受ける立場からすれば、悲惨であればあるほどNGO（クライシス・キャラバン）が集まってきて大きなカネが落ちるということになります。

では、悲惨な現場とはどういう状況をいうのでしょうか。

死体の山はボスニアやルワンダでさんざん報道されてしまいました。いまでは欧米の「こころやさしき」ひとたちは、多少の〝虐殺〟くらいでは驚きません。

こうして、国際人道援助におけるイノベーションが起こりました。敵を殺すのではなく、四肢を切断して生かしておけば、そのほうがずっとインパクトのある「絵」になるのです。

死体には見向きもしなくなったすれっからしの報道カメラマンも、手足のない子どもたちが泣き叫び、地面を這《は》いずり回る場面には殺到します。欧米のメディアで大々的に報道されれば、NGO（クライシス・キャラバン）が大挙してやってきます。このようにして、ドナーの寄付金は子どもたちの四肢を切断した者たちの懐に落ちるのです。

『クライシス・キャラバン』の最後でリンダ・ポルマンは、シエラレオネの反政府軍RUFのリーダー、マイク・ラミンにインタビューしています。

ラミンは、「すべてが壊され、あんたたちは修復するのにここにいなかった。あんたたちが気にしていたのは、ユーゴスラビアにおける白人の戦争とゴマのキャンプだった。あんたたちは、ただ我々に戦い続けさせたんだ」と欧米社会を批判します。そして欧米の注目をふたたびシエラレオネに向けさせ、戦争を終わらせるために「両手切り落とし団（カット・ハンズ・ギャングズ）」を組織したのだというのです。

「かつてないほど多くの四肢切断者を見て、はじめてあんたたちは我々の運命に注意を向け始めたんだ」

罪もないひとたちの手足を無残に切断するのは、NGOからカネをかすめ取ろうと考える者にとってはきわめて「経済合理的」な行動でした。国際人道援助に携わるひとたちは、誰もがこのきわめて不都合な真実に気づいています。

しかし、ふだんは立派なことばかりいっている彼らは一様に口をつぐみ、ポルマンが『クライシス・キャラバン』で告発するまで私たちが真実を知ることはなかったのです。

あとがき

本書は2012年11月から14年6月にかけて『週刊プレイボーイ』に連載した「そ、そーだったのか!? 真実《ほんとう》のニッポン」を再構成するとともに、前後にプロローグとエピローグを加えて一冊にまとめたものです。

『週刊プレイボーイ』のコラムは1回が1200字程度で、その時々の政治や社会問題について思ったことを綴っています。そこではできるだけマスメディアと異なる視点を提供するようにしていますが、文字数に制限があるなかでは、なぜこのような奇妙な意見を述べるのかをちゃんと説明できません。プロローグを読んでいただけると、コラムの背景にある進化心理学や政治哲学の概要がおわかりいただけると思います。

前作『不愉快なことには理由がある』でも書いたように、私は政治的・社会的問題に対してできるだけ多くの（多様な）意見があったほうがいいと考えています。これは逆にいうと、右も左もステレオタイプの主張が多すぎる、ということでもあります。

特定秘密保護法や集団的自衛権、原発再稼働をめぐって終わりのない議論（というか罵り合い）が続いていますが、たいていの主張は最初の3行を読むだけで書き手の立場と結論がわかってしまいます。これではインターネットの炎上と同じで、画一化された意見を山のように積み上げるのは、相手を威嚇することはできても、有意義な議論にはなりません。扇情的な嫌韓・反中も同様で、まともなひとは無意味な論争からさっさと身を引いてしまいますから、けっきょく、残っているのは〝バカ〟ばかり、ということになるのです。

私たちの社会には複数の「正義」があります。正義とはひとびとが直感的に「正しい」と感じるものですから、それぞれの正義は対等で優劣はつけられません。だとすれば大切なのは、自分と異なる正義を尊重することと、両立できない（トレードオフの）正義の間で折り合いをつける工夫をすることです。このときに有用なのが経済学やゲーム理論などの社会科学で、複数の正義をみんなが納得できるように組み合わせ、（できるだけ）自由で（できるだけ）平等で（できるだけ）共同体の絆のある社会を設計する方法を教えてくれます。

私はこれをきわめてシンプルな理屈だと思うのですが、残念なことにいまの日本では完全な少数派のようです。ほとんどのひとは、自分の信じる正義こそが唯一絶対のものだとかたくなに信じているのです。

16世紀から17世紀にかけて、ヨーロッパではカトリックとプロテスタントの間で凄惨な宗教戦争が続きました。近代の民主政（立憲主義）は、「殺し合いを終わらせるには、異なる正義が共存可能な社会をつくるしかない」という反省から生まれた人工的な制度です。

グローバル化の進展によって、私たちにはもはや、さまざまな正義が共存する社会で生きていく以外の選択肢はなくなりました。リベラルデモクラシー（自由な社会と民主政）が世界を覆うのは、民族や人種・宗教などで価値観が複雑に衝突するなかでは、それ以外に利害を調整する方法がないからです。

ヒトは進化の奴隷であるという運命から逃れることができません。直感による正義や善意は、時として（というよりも、きわめてしばしば）グロテスクな出来事を引き起こし、とてつもない悲劇の原因となってきました。だからこそ私たちは、不愉快な場面でこそ可能なかぎり直感を捨て、ゆっくりと考えることを心がけなければならないのです。

そうすれば、〝バカ〟が多すぎる世の中も多少は過ごしやすくなるでしょう。

２０１４年６月　橘　玲

文庫版あとがき

文庫化にあたって久しぶりにむかしの原稿を読み返してみて、「日本は変わってないなあ」というのが正直な感想です。

たとえば日本人の働き方。この原稿を書いている時点で、大手広告代理店に入社してわずか8カ月の女性社員がクリスマスの朝に投身自殺したことが大きな社会問題になり、長時間労働やサービス残業などの悪習が批判され、安倍首相は「同一労働同一賃金を実現し、非正規という言葉をこの国から一掃する」と宣言しました。

でもこんなことは、すべてこの本に書いてあります。これは私に先見の明があると自慢しているわけではありません。日本的雇用がグローバルスタンダードからかけ離れた歪《いびつ》な制度で、それが日本の「風土病」ともいわれるうつ病や自殺の原因になっていることは1990年代から指摘されていました。日本社会は20年間も、バカのひとつ覚えのように同じことをつづけてきたのです。この国のエスタブリッシュメント（支配階級）である〝超一流企業〟が、未来のある優秀な若者を自殺するまで追い詰めるというグロテスクな悲劇は、ある意味必然だったのです。

しかしそれでも、希望がないわけではありません。

私はずっと「正社員/非正規社員は身分差別だ」といいつづけてきましたが、〝良心的な〟知識人から当然のごとく無視されてきました。保守派であるか、リベラル派であるかを問わず、彼らは「日本的雇用を守れ」と大合唱していたからです。

このひとたちによると、終身雇用・年功序列の雇用制度こそが日本人を幸福にしているのであり、雇用改革は日本社会を破壊する「ネオリベ（新自由主義者）」「グローバリスト」「アメリカ」「ウォール街」「ユダヤ人」の陰謀なのです。——そして不思議なことに、すでに1980年代から日本の会社で異常な数の過労死が起きていることには見向きもしませんでした。

しかし、「サラリーマンは会社に忠誠を誓って幸福に暮らしている」というのがたんなる神話であることは、いまでは明らかです。最近でも、従業員の会社への忠誠心を示す「従業員エンゲージメント」指数が日本は先進国中もっとも低く、サラリーマンの3人に1人が「会社に反感を持っている」とか、日本人は「世界でもっとも自分の働く会社を信用していない」などの調査結果が続々と出てきています。

日本とアメリカの労働者を比較した大規模な意識調査では、90年代前半ですら、「いまの仕事に、入社時の希望と比較して合格点をつけますか」の質問に対して、合格点は米33・6％に対し日本はわずか5・2％にすぎません。否定にいたっては米の14・0％

に対し、日本は62・5%にものぼります。常識に反して、日本のサラリーマンはむかしから会社が大嫌いだったのです（小池和男氏『日本産業社会の「神話」――経済自虐史観をただす』日本経済新聞出版社）。

なぜこんなことになるかというと、日本的雇用では労働市場の流動性が極端に低いため、新卒で入った会社で40年以上も働きつづけることが〝強制〟されるからです（これにもっとも近い状況は長期の懲役刑でしょう）。自分の職業適性を正しく把握している大学生などほとんどいませんから、たまたま入った会社が「適職」である確率は宝くじに当たるようなものです。そう考えれば、会社に満足しているサラリーマンがいることのほうが不思議です。

さらに困惑するのは、格差社会を「ネオリベの陰謀」だとして、非正規社員やニートの権利を守るために運動しているひとたちが、大企業の労働組合（もちろん正社員の既得権を守るための組織です）といっしょになって「日本的雇用は素晴らしい」と合唱していたことです。これでは奴隷制時代の黒人が、自分たちを差別する白人の農場主といっしょになって、「奴隷制度を守れ」と運動するようなものです。私にはこのひとたちの頭のなかがどうなっているのか想像もつきませんが、それはきっと私が〝バカ〟だからなのでしょう。

ところがこの数年で、ブラック企業が蔓延《まんえん》し、一流企業が「追い出し部屋」で中高年の社員をリストラしている実態が暴かれ、ILO（国際労働機関）など国際社会が日本的雇用を差別制度だと疑っていることがわかって、ようやくこのひとたちが黙りはじめました。そればかりか、いまでは「日本企業はけしからん」と叫んだりしています。まあ、〝希望〟といってもこの程度のものですが。

「日本的雇用は素晴らしい」と力説していたひとたちだけが間違っていたわけではありません。安倍政権の登場までは、「中央銀行がお金を供給すればインフレになって景気も回復する」として、日銀をデフレの元凶として批判し、リフレ政策に懐疑的な学者に罵詈《ばり》雑言を浴びせるひとたちが跋扈《ばっこ》していました。しかし実際に彼らの主張のとおり日銀がやってみても、何年たってもまったく物価は上がりません。壮大な社会実験によって誰が正しいかははっきりしましたが、〝リフレ派〟のひとたちが過ちを認めて謝罪した、などという話は聞いたことがありません。

しかしこれは、ぜんぜん不思議なことではありません。進化心理学の知見によれば、意識の役割は自己欺瞞《ぎまん》と自己正当化だからです。それによると、そもそもひとは自分の過ちを認めないばかりか、自分が間違っていることすら気づかないように「（進化によって）設計」されています。そして話をよりややこしくするのは、知能が高いひとほど巧妙に自分を騙《だま》す能力を持っていることです。間違いを指摘されると、それを逆恨みし、なにかの陰謀のせいだと奇怪な理屈をひねりだすのはこれが理由です。

このことから、なぜ〝バカ〟が無限に増殖しているように見えるかがわかります。バカ＝ファスト思考は人間の本性で、論理的・合理的なスロー思考にはもともと大きな制約が課せられています。そして日ごろ立派なことをいっているひとほど、自己欺瞞の罠《わな》から逃れられなくなってしまうのです。

しかしそれでも、絶望する必要はありません。私を含め、ひとはみんな〝バカ〟ですが、それでも日本社会はそこそこうまくいっているからです。シリアやイラクの惨状を見ればわかるように下を見れば切りがありませんが、稀代《きたい》のポピュリストであるドナルド・トランプを大統領にしたアメリカや、移民排斥の右翼政党が政治の主導権を握りつつあるヨーロッパを例に挙げるまでもなく、見上げればすぐそこに天井があります。世界を見回せば、「日本人でよかった」というのが正直な感想ではないでしょうか。

その日本は、過労死するほど長時間労働しているのに労働生産性は先進国で最低で、ゆたかさの指標である一人あたりGDPではアジアのなかでもシンガポール、香港、マカオの後塵《こうじん》を拝し、いまや隣国の韓国にも抜かれそうです。男女平等ランキングは世界111位と「共産党独裁」の中国よりも下で、国連の「世界幸福度報告書」でも157カ国中53位と低迷しています。

しかしそれも、「日本的雇用」「日本的家庭」「日本的人生」の前近代的な価値観を変えようという努力によって、すこしずつ改善していくでしょう。――すくなくとも20年たって、ようやく問題の所在に気づいたのですから。

2016年12月　橘　玲

初出　「週刊プレイボーイ」
二〇一二年十一月五日号〜二〇一四年六月十六日号

本書は、二〇一四年六月、集英社より刊行されました。

S 集英社文庫

バカが多《おお》いのには理由《りゆう》がある

2017年1月25日　第1刷　　定価はカバーに表示してあります。

著　者　橘《たちばな》　玲《あきら》

発行者　村田登志江

発行所　株式会社　集英社
東京都千代田区一ツ橋2-5-10　〒101-8050
電話【編集部】03-3230-6095
【読者係】03-3230-6080
【販売部】03-3230-6393(書店専用)

印　刷　凸版印刷株式会社

製　本　凸版印刷株式会社

フォーマットデザイン　アリヤマデザインストア　　マークデザイン　居山浩二

ISBN978-4-08-745533-5 C0195